サクッとわかる！英文契約書入門

Introduction to English Language Contracts

弁護士法人 中央総合法律事務所
弁護士 **安保智勇** [編著]

第一法規

はしがき

　本書は、仕事上で英文契約を取り扱わなければならないビジネスパーソン向けに典型的な英文契約書の内容のエッセンスを解説したものです。

　日本企業の国際化とともに、英文契約はもはや一部の企業内の専門家だけが取り扱えればよい分野ではなくなりました。日本企業にとって英語が世界の企業と競争または協業していくための共通のコミュニケーションツールになっている現代、ビジネスにおける合意事項も従前の日本的な契約ではなく、英文契約の発想で表現されるようになっているからです。したがって、英文契約の知識は、今や、すべてのビジネスパーソンに必要不可欠なものとなっているのです。

　本書はもともと、月刊『会社法務Ａ２Ｚ』に連載していた記事が土台になっています。連載開始にあたって、一方的に解説するのではなく、ベテランの「福山法務部長」と「新人法務部員　石原ゆい」の掛け合いのスタイルを採用してみました。タイトルの"LawL（ロー・エル）"とは"Law Lady"の略語であり、女性弁護士や女性法務部員のように、法律分野で活躍する女性を総称した造語です。筆者が所属する法律事務所の"LawL"たちも、LawL石原ゆいのキャラクターの創出に多大な貢献をしてくれました。

　本書を国際ビジネスに携わる方のスキルアップに少しでも役立てていただければ、筆者としても望外の幸

せです。

　最後になりましたが、月刊『会社法務Ａ２Ｚ』の連載および本書の単行本化に尽力していただきました第一法規株式会社の稲村将人さん、織田恵梨子さん、松本典子さん、荒巻順子さんおよび本書の原稿作成について多大の協力をしていただいた弁護士法人中央総合法律事務所の藤井康弘弁護士にこの場を借りて感謝を申しあげます。

2014年5月

　　　　　　　　　　　　　　弁護士　安保智勇

推薦の言葉

　かつて「書を捨てよ、町に出よう」という言葉がもてはやされた時代があったが、今ならさしずめ、「書を捨てずに海外に出よう」か。あちらこちらで「海外進出」の大合唱の昨今だが、町に出るのと異なり、海外に出るには心構えも準備も要る。コミュニケーションはすべての基本であるから言葉や言葉が形作る文化の問題は必要以上に恐れることはないとはいえ、大切だ。

　筆者は学生時代、特に英語が得意というわけでもなく、弁護士になった当初は国際案件とは無縁だったという。所属している事務所の所長の勧めで米国に留学し、米国の弁護士の資格を取得したことで渉外弁護士として歩み始めた。その道のりが決して平坦ではなかったことは本書の至る所に散りばめられた教訓からも推し量れよう。本書の登場人物である部長の言葉は、若かりし頃の自らに宛てたメッセージかもしれない。

　本書はそのような経験をもとに筆者が英文契約という無味乾燥になりがちな分野を肩のこらない方法で解説してくれている。日常法務に携わらないビジネスマンの方にもお役に立つと思われる。ぜひ一読をお薦めしたい。

2014年5月

日本アイ・ビー・エム株式会社名誉相談役
経済同友会終身幹事
椎名武雄

目 次

はしがき …………………………………………………… 3
推薦の言葉 ………………………………………………… 5

第1章 英文契約書序論

英文契約書のドラフトは誰が作る？ …………………… 10
　コラム　契約書に関連するさまざまなリスク
英文契約書によく使用される表現 ……………………… 21
　コラム　条件節の時制

第2章 英文売買契約書の重要条項

国際取引の売買代金はどう決める？ …………………… 34
　コラム　Incoterms（インコタームズ）
期間や期限の記載について ……………………………… 45
　コラム　beforeと「以前」の違い
品質保証条項で変わる主張内容 ………………………… 55
　コラム　免責条項の有効性
リスクがいっぱい!?　補償条項の留意点 ……………… 72
　コラム　契約における義務文言と条件文言

第3章 英文契約書によく出てくる一般条項（その1）

準拠法はどの国の法律？ ………………………………… 90

紛争解決の方法を定めよう ………………………… 102
完全合意条項の注意点 …………………………… 119
不可抗力って何を指すの? ………………………… 124

第4章 英文契約書によく出てくる一般条項（その2）

なぜ分離・独立性条項が必要なのか ……………… 132
優先する言語を決めておこう ……………………… 138
　コラム　翻訳者泣かせの英文
権利非放棄条項の意義と機能 ……………………… 149
情報の秘密保持を図る条項 ………………………… 155
通知条項は"単純"でも"重要" …………………… 169

第5章 英文ライセンス契約書の重要条項

ライセンス許諾と権利の範囲 ……………………… 180
ロイヤルティーの設定 ……………………………… 191
グラントバック条項とは？ ………………………… 198
　コラム　英文契約書の時制
知的財産権非侵害表明保証条項の留意点 ………… 215
　コラム　契約条項における仮定法

索引 …………………………………………………… 235

登場人物

石原ゆい（いしはら・ゆい）…株式会社ティーシードの新人法務部員。好奇心旺盛な25歳。オーストラリアでのワーキングホリデーで磨きをかけた英語力はなかなかのもの。

福山穣治（ふくやま・じょうじ）…株式会社ティーシードの法務部長。大手商社から大手化粧品会社を経て現職。46歳。

株式会社ティーシード…静岡市を本店とする従業員80名の製造業。日本茶関連商品の製造を主に行ってきたが、近年のオーガニックブームに乗り、茶の実オイルを使用した自社開発化粧品が国内で大ヒット。営業と法務部門を東京に移したところ。ティーシードの主力商品である茶の実オイルとは、お茶の実を乾燥させ、低温圧搾して抽出したもの。椿油と並び称される、この伝統的ジャパニーズコスメの伝道者となるべく、今日もティーシードの企業努力は続く。

「LawL」「ロー・エル」は弁護士法人中央総合法律事務所の登録商標です。(第5443746号、第5443747号)

第1章

英文契約書序論

英文契約書のドラフトは誰が作る？

　幾度かの営業交渉を経て外国の会社との商品の売買の条件が決まり、あとはその内容を英文契約書に反映させるだけ。でも、英文契約書の最初のドラフトを作るのは、売主と買主のどちらなのでしょうか？

ゆい　部長！　事件です！
部長　何だ、朝から騒々しい。
ゆい　かかってきたんですよ、夜に、電話が！
部長　最近別れた彼氏からか？
ゆい　また人の傷口に塩を塗るような…。私じゃなくて会社にです！　どこからだと思います？
部長　月刊『コスメ・フリーク』の美人編集長？
ゆい　それは部長の願望でしょ。びっくりしないで聞いてくださいよ。な、なな何と、Manhattan Cosmetics, Inc.ですよ！　アメリカでも１、２を争う化粧品ブランドの。うちの茶の実オイルを使ったコスメがUSA版『ヴ●ーグ』で紹介されたじゃないですか。あの記事を見たそうです。
部長　あの記事は僕が知り合いのアメリカ人編集者にわざわざ頼んで載せてもらったんだ。
ゆい　ここで自慢しなくても…。あんな有名な会社がうちの茶の実オイルを購入したいそうです。

部長　それはすごい。じゃ君作って。
ゆい　「作って」って何をですか？
部長　法務部の君に茶の実オイルを作れとはいわないよ。契約書に決まってるでしょ。もちろん英文でね。君、海外留学してたんでしょ？
ゆい　留学じゃなくて遊学…ワーホリです！
部長　いずれにしても作れないといいたいんだな？
ゆい　まあ、そういうことです…。でも勉強していたとしても、経験もないのにすぐには作れませんよ！
部長　ハッハッハッ、誰でも最初というものがある。経験はこれから積むんだよ。

（それから数日後、終業時間間際のこと…）
ゆい　営業部から聞いたんですが、基本的な事項についてManhattan Cosmetics, Inc.と合意できたようです。
部長　フッフッフ、いよいよ君の出番だな。
ゆい　Manhattan Cosmetics, Inc.は契約書を自分のところで作るそうです。会社の格も規模もあっちが上だし、ここは素直にお願いした方が…。
部長　君はまた楽しようと思っているだろう？　そもそも相手方がどうして自分で契約書を作るっていっていると思う？
ゆい　合意した内容を間違いなく契約書に反映させたいからですよ。売買価格とか、納期とか…。

契約書作成はリスク回避のポイント！

部長　いいや、それだけじゃない。契約書の作成には、合意内容の証拠とする以外に、当事者が有するリスクを回避しようとする目的がある。契約書のドラフトを作成することでまずは自己に有利な条件を設定し、これをベースに交渉を開始できるから、交渉上有利な立場に立てるというメリットがある。通常、売買契約では買主が契約書を作成する場合が多いが、これは買主が有する商品の引渡しに伴うリスクの方が、売主が有する代金の支払いに伴うリスクより複雑で、買主の方がより大きなリスクを負うからなんだよ。

ゆい　リスクが複雑…。

部長　つまり、買った物に瑕疵があった場合に、その瑕疵を立証して法的救済を求めなければならないリスクは、代金が支払われない場合にその支払いを求めるリスクに比べてより複雑だろう。

ゆい　立証が難しいということですね。

部長　そうだ。だからそのリスク回避の機会を第一次的に買主に与えているんだ。しかし、だからといって売主が売買契約書のドラフトを作ってはいけないというワケではない。売主であっても、可能であれば進んで契約書のドラフトは作成すべきだね。

　君は、"Battle of Forms（書式の戦い）"という言葉

を聞いたことがあるかな？

ゆい　何ですか、それ？

部長　売買取引において、買主が売主に対し、買主に有利な内容が印刷された約款の記載のある発注書を送付し、これに対して、売主は買主に、その約款に合意する意思を表示することなく、売主に有利な異なる内容の約款が印刷された請書を送付する。このようにして互いに自己に有利な約款の内容による契約成立を主張する書式上のやりとりのことを、"Battle of Forms"というんだ。できるだけ自分の都合のいい契約を相手方に飲ませようとするビジネスの世界で、楽だから相手方に最初のドラフトを作ってもらおうという発想では、最初から戦いに負けているようなものだぞ。

ゆい　部長のおっしゃることはよ～くわかりました。でも、今回の取引は当社が売主ですし、部長もおっしゃったように通常契約書を作成するのは買主であるManhattan Cosmetics, Inc.なんですからぁ、やっぱりあちら様にドラフトを作ってもらうのがいいかと思うんですけどぉ…。

部長　まあ、結果的にそれでいいだろう。相手方の案を見て、当方に有利な対案を示しながら、交渉していくことにしよう。次の取引で、今回作った契約書を基に当社でもひな型を作れるようになるかもしれないし。

自社に不利な条項はないか？

ゆい　具体的にはどんな点に注意したらいいですか？
部長　詳しいことは買主から契約書案が来てから追い追い指摘していくことにするが、例えば、契約書に次の条項が入っていたら君はどう思う？

> Timely delivery of the Products is of the essence.
> 本製品の適時の引渡しは本質的なものとする。

ゆい　わかったような、わからないような…。どういう意味ですか？
部長　これは、約束した履行時期が重要な条件であることを示す条項で、当該条項が含まれている場合には、履行の提供が指定された時間より少しでも遅れると、直ちに契約違反となるんだ。
ゆい　そんなの売主には不利じゃないですか！
部長　そのとおり。だから、このような条項が含まれていた場合には、売主としては断固削除を求めて交渉すべきだね。前の会社での経験だけど、外国企業から提示された契約書をよく検討することなく契約を結んでいると、一方的に不利な契約内容になっていたり、裁判管轄が外国になっていたりと後々不測の損害を被る場合がある。仮に外国企業から提示された契約書を

第1章　英文契約書序論

基にする場合でも、自己に不利な条項については、是正を求めて交渉しなきゃいけないよ。

ゆい　英文契約書って結構面白いかも。私、頑張ります！　英文契約書に使われる英語は、やや特殊だと聞いたことがあるんですけど、実際のところどうなんでしょう？

部長　おっと、もうこんな時間だ！　僕はこれから食事の約束があるので失礼する。君はどうせ予定もないだろうから、英文契約書の用語でも勉強してなさい。

今回のポイント

1. 国際的な取引では、通常、複雑なリスクを負担する当事者が契約書のドラフトを作成します。売買取引では買主が契約書のドラフトを作成するのが通常です。
2. 外国企業から提示された契約書に不利な条項が含まれている場合には是正を求めて交渉を行うべきです。

コラム　契約書に関連するさまざまなリスク

契約書を作成する目的の一つは、自己の法的リスクのコントロールです。契約書に損害賠償額の制限に関する条項や、損害賠償額の予定に関する条項を

入れるのは、その契約関係に法律の規定をそのまま適用した場合に、契約違反の場合の賠償額が無限大となるリスクや、損害額の立証の困難性から賠償が得られないリスクをコントロールする手段として契約書を利用しようとしているからです。

最初のドラフトを当事者のどちらが作成すべきかについては、ルールがあるわけではありませんが、売買契約では買主が、また、貸金契約では貸主が最初のドラフトを作成する場合が多いと思われます。

ところで、当事者がリスクコントロールの見地からできるだけ自分にとって有利な契約書の内容にしたいと意識している限りは、契約書の条項に不利な点はないか、記載されている内容に落とし穴がないかどうか、一定程度注意深く検討するのではないでしょうか。交渉の上で不利な条項を受け入れた当事者は、その条項に関するリスクを理解しており、不幸にしてまさに当該条項が予想していた事態が発生したとしても、予測されたリスクが発生したにすぎないと考えることができます。

しかし、契約にまつわる紛争は、契約書がそもそも存在しないという場合の方が圧倒的に多いのです。契約書がそもそも存在しない場合というのは、後日取引内容が不明確となるリスクを当事者が意識していないことが多いので、その結果事態はより深

刻となります。したがって、契約書の条項をどのように作成するかは実務上悩ましいことですが、あれこれ悩むより、まず、書面の契約を残しておくことが何より重要です。内容の出来不出来より、契約書の有無がより重要なのです。実際、トラブルとなった例では、条文一つ、極論すれば文章一行であっても書面を残しておけば、トラブルを未然に防ぐことができたと思われるケースが少なくありません。

　例えば、私が手掛けた事件（実際の事実関係はもう少し複雑でした。）に次のようなものがありました。

　この事件は国際的なM&Aに関するものでしたが、売主買主間で事業譲渡に関するレター・オブ・インテント（交渉結果の重要点を記載した覚書）が作成されてから正式の事業譲渡契約書が作成されるまで３年の期間がありました。その理由は、事業譲渡の条件が、「対象会社が今後３年間に上げる年間利益の平均値の３倍の金額を営業権の価格として、これと有形資産の帳簿価格の合計金額で営業権および資産を売買する」というものであったからです。３年後に売主買主間で実際に正式な事業譲渡契約書が作成されましたが、その事業譲渡契約書が作成されるまでの３年の間に対象会社に発生した利益が売主に帰属するのか、買主に帰属するのかが問題となった

のです。売主は、2年間は買主に対して対象会社の利益を送金しましたが、3年目の送金を拒絶し、逆に買主にすでに支払った金額を返還するよう求めました。この事件では、事業譲渡契約書にも、レター・オブ・インテントにも、この3年間に対象会社に生じた利益が、売主に帰属するのか、買主に帰属するのか、明確に記載した条項がなかったのです。

　この事件では、買主側は、レター・オブ・インテントが作成された時点で、実際には事業譲渡が成立しており、当該事業から発生する利益を買主が取得するのは当然であると主張して、3年目の利益を支払うよう請求をしたのに対し、売主側は、実際に資産譲渡契約書が作成された時点が事業譲渡の時点なので、最後の年度の利益は支払う必要はないのに加えて、正式契約が成立する前に送金した2年分の利益は錯誤に基づき義務なくして支払った不当利得なので買主側は返還すべきだと主張しました。結局事件は訴訟となり、高等裁判所の判決までいきました。

　M&Aのレター・オブ・インテントは、守秘義務などの一定の条項を除いて、法的効力を有しないと記載されていることが多く、本件もまさにそのように記載されていました。したがって、買主側がレター・オブ・インテントだけを根拠に、その時点で事業譲渡がすでに成立していたと主張するのはあま

り筋の通った議論ではありません。この事件では、私は訴訟の段階で初めて本件に関与し、買主である米国の会社の依頼を受けて代理人となって、当事者間で交信された電子メールや色々な背景事情を主張して、買主が利益の支払いを受けるという合意が成立していたことを裁判所に認定してもらい勝訴しました。しかし、1年目と2年目に利益の送金を受ける前に、買主に利益の送金を受ける権利があることを確認する一片の書面に売主のサインさえもらっておけば、買主は何年もかかる訴訟をする必要がなかったケースです。

　この事件は、そもそも契約書が存在しないために紛争になったのですが、契約書が存在していたとしても、その意味が不明確な場合には紛争の種になります。例えば、私が以前遭遇した契約書には、次のような文言がありました。

This Agreement shall be automatically renewed and continued for each year unless either party gives to the other party sixty (60) days prior written notice to terminate this Agreement.

本契約は、一方当事者が他方当事者に対して60日の書面による事前通知を行って解除されない

> 限り、毎年自動的に更新され継続する。

　この文章は、契約は何時でも60日の事前通知で解約できると読むことができます。他方、その条項の趣旨から期間満了前60日以前に解約通知を出さないと自動更新され、さらに１年間延長されると解釈することも可能のように思われます。独占的販売代理店契約のような契約の場合には、契約解除が可能な時期を巡って深刻な争いとなる可能性があります。

　このように、契約書は単に存在すればいいというものではなく、その意味内容に不明確な点があってはならないことはいうまでもありません。契約交渉では、自己の有利な契約条項を主張する他、契約条項の不明確な点を修正することも重要な作業です。契約書の不明確な条項を原因として紛争が発生する事例では、その不明確性が後日紛争の種となることが契約締結当時に当事者に意識されていなかった場合がほとんどです。

　契約関係から生じるトラブルには、このような契約書の不存在や、内容の不明確性など、意識されないリスクが顕在化した場面（その多くは、注意すれば防げた単純な見落としから発生したケースと思われます。）が多いことを常に念頭に置いておくことが、このようなリスクを避ける第一歩といえます。

英文契約書によく使用される表現

　英文契約には特有の言い回しがあります。ここでは英文契約書に圧倒的に多く使用されるいくつかの基本的な表現について見てみましょう。

　アメリカの大手化粧品会社Manhattan Cosmetics, Inc.から化粧品の原料として、売れ筋の茶の実オイルの受注を受けた株式会社ティーシード。早速Manhattan Cosmetics, Inc.から契約書のドラフトが届きました。

部長　さて、石原君、君の勉強の成果が試される時だ、この契約書、何か問題がないかい？
ゆい　いきなりそんなこといわれても…。どこから見ればいいんですか？

Sale and Purchase Agreement

This Sale and Purchase Agreement (hereinafter referred to as "Agreement") is made as of April __, 2014, between Manhattan Cosmetics, Inc., a corporation duly incorporated and validly existing under the laws of New York (hereinafter referred to as "Buyer") and Kabushiki Kaisha Tea Seed, a corporation duly incorporated and validly existing under the laws of Japan (hereinafter referred to as "Seller").

RECITALS:

WHEREAS, Buyer is a manufacturer of cosmetic products and wishes to purchase from Seller a certain product as an ingredient of its cosmetic products.

WHEREAS, Seller is a manufacturer of tea seed oil ...

Accordingly, for good and valuable consideration, the receipt and sufficiency of which are hereby acknowledged, the parties hereto hereby agree as follows:

Article 1. Definitions
In this Agreement, the following terms have the following meanings, except where the context otherwise requires:
......

Article 2. Purchase of Products
During the term of this Agreement, Buyer shall purchase from Seller, and Seller shall sell to Buyer, the Products pursuant to purchase orders submitted by Buyer and accepted by Seller (each, an "Accepted Purchase Order"); *provided, however,* that Seller shall not withhold acceptance of a purchase order that is not inconsistent with the terms and conditions of this Agreement.

売買契約書

本売買契約書（以下、「本契約」という）は、ニューヨーク州の法律に基づき正式に設立され、有効に存在するManhattan Cosmetics, Inc.、日本の法律に基づき正式に設立され、有効に存在する株式会社ティーシードとの間で2014年4月●日に作成される。

<u>前文</u>：

買主は、化粧品の製造業者であり、その化粧品の成分として売主から一定の製品を購入することを希望している。

売主は、茶の実オイルの製造業者であり…
よって、その受領および十分性をここに確認する有効かつ価値ある約因を対価として、両当事者は以下のとおり合意する。

第1条　定義
本契約において、以下の用語は、文脈上別の解釈が必要とされる場合を除き、以下の意味を有する。

第2条　製品の売買
本契約期間中、買主が提出し、売主が承諾した売買注文書（各自、「承諾された売買注文書」という）に従い、買主は、売主から本製品を購入し、売主は、買主に対して本製品を販売するものとする。但し、注文書が本契約書の条件と矛盾しない場合には、売主は当該注文書の承諾を保留してはならない。

キーポイントは実質条項！

部長　英文契約書は、一般的に、「表題」「頭書」「前文」「実質条項」「一般条項」「署名欄」に区分される。
　通常、「表題」の後に、当事者と契約締結日を記載

した「頭書」が記載される。そして「頭書」の後に"whereas clause"などとも呼ばれるwhereasから始まる文章で、契約に至った経緯などが「前文」として簡潔に書かれているんだ。

　日本の契約書では、契約書作成に至る経緯や目的が前文として記載されることはまずない。その代わりに頭書の中に、当事者が契約を締結する目的を簡潔に記載するのが通常だ。英文契約書であっても前文を契約書中に記載することは必須ではないし、日本的なスタイルの契約書をそのまま英語に翻訳しても間違いではない。

　ただ、何年も後に契約書を読み返してみると、それが何のために作成された契約書なのか記憶が定かではなくなることがよくある。そのような場合に前文が記載してあると、その契約書作成の背景が即座に思い出せるから便利だね。

　「実質条項」は、売買であれば対象物品の数量・代金額・引渡時期・方法等が記載されている、契約の核をなす部分だ。「一般条項」は、準拠法や管轄裁判所などの条項で、カバーする事項はどの契約書でもほぼ同じだね。この中で一番重要なのは実質条項だというのはわかるね。この契約書では第1条が定義で、第2条以降が具体的な実質条項だね…。おっと、いきなり第2条から問題だ。君、読んでごらん。

ゆい　shallばっかりでおっシャル意味がわかりません。

"shall" は義務表現

部長　君のダジャレに付き合う気はないよ。契約書でshallと書いてある場合、"has a duty to"の意味、すなわち、当事者が何々をする義務を負うという意味だ。ここでは、まず「買主が発注し、売主が承諾した売買注文書に従って、製品を売買する義務をそれぞれが負担する」ということが書かれている。そこで問題。この最初の文章から"pursuant to purchase orders submitted by Buyer and accepted by Seller（買主が提出し、売主が承諾した売買注文書に従って）"の部分を取り除くとどうなると思う？

ゆい　どうなるもこうなるも、単に"During the term of this Agreement, Buyer shall purchase from Seller, and Seller shall sell to Buyer, the Products.（本契約期間中、買主は、売主から本製品を購入し、売主は、買主に対して本製品を販売しなければならない）"となるだけでしょ。私のこと、バカにしてます？

部長　「バカにしていない」とはいわないが、そんな中学生レベルの質問を私がすると思うかね？　結論をいうと、文法的には正しいが、英文契約書の条項としては、ほとんどの場合で誤りだね。

ゆい　えぇーっ!?　どうしてですか？

部長 shellは当事者が義務を負うという意味だが、売主である当社は、どんな場合でも買主に対して製品を販売する義務を負担するわけではないし、買主だって、当社から製品を無条件で買い受ける義務を負担するつもりなど毛頭ない。買主が注文書を出して、これを当社が承諾した前提条件がある場合に初めて製品を売買する義務を負担することを意図しているんだ。だから、このような義務負担の意図がない場合、"During the term of this Agreement, Buyer will purchase from Seller, and Seller will sell to Buyer, the Products.（本契約期間中、買主は、売主から本製品を購入し、売主は、買主に対して本製品を販売する）" のようにwillを使用すべきなんだ。次の "provided, however" 以下も問題だね。

ゆい 何だか、ごちゃごちゃした文章ですよね。ここの "provided, however, that" は「但し」ですよね。"shall not" は「何々をしてはならない」だから、「但し、売主は、注文書の承諾を保留してはならない。但し、その注文書は、本契約書の条件と矛盾しないものとする」…何これ？

気をつけるべき英文特有の表現とは？

部長 この文章もまさに英文契約書特有の表現だね。最初の "provided, however, that" は「但し」で正解

だ。この但書の表現も英文契約書では頻繁に出てくる。また、"shall not" は「何々をしてはならない」で正解だ。ところで英語で「何々をしてはならない」という別の言い方は知っているね。

ゆい "may not" ですよね。

部長 そのとおり。でも、mayの意味には可能性を示す曖昧さがあるね。例えば、"Either party may terminate the Agreement" は、「いずれかの当事者は、契約を終了させることができる」という許可の意味だが、mayには可能性や推量を示す意味もあるから、"Seller may provide Buyer with confidential information." は、「秘密情報を提供できる」という意味なのか、「秘密情報を提供する可能性がある」という意味なのか、文章だけではわからないね。だから、禁止であることをはっきりさせるためには "may not" より、"shall not" または "must not" を使う方がいい。

説明が長くなったが、"Seller shall not withhold acceptance of a purchase order" の部分は、「売主は売買注文書の承諾を保留してはならない」で正解。

ゆい 次の "provided that" は？

部長 これはね、「但し」ではなく、ifの意味なんだ。英文契約では、"Seller shall ... "、"if ... " というようなshallとif節を使用した文型が圧倒的に多く出てくる。これは「何々の場合には、売主は、何々をしなけ

第1章　英文契約書序論

ればならない（してはならない）」という意味だ。念のためにいっておくと、このif節の時制は、現在形か現在完了形だよ。これを"if such purchase order shall not be inconsistent with ..."というような未来形や未来完了形とするのは、文法的には正しくない。

ゆい　なるほど。この文章は、「但し、注文書が本契約書の条件と矛盾しない場合には、売主は当該注文書の承諾を保留してはならない。」という意味ですね。よくわかりました。じゃあ、第3条はと…。

部長　内容をよく検討しないで読み飛ばしてはダメだよ。"Seller shall not withhold acceptance of a purchase order"の売主は当社だ。こっちだって都合というものがある。在庫がないことだってある。いかなる場合でも当社が注文書を拒絶したり承諾を保留したりすることが禁止されたら困るだろう。

ゆい　さすが部長。亀の甲より年の功？

今回のポイント

1 英文契約は当事者の権利義務を記載した文書ですから、当事者の義務を意味するshallを使用した文章が頻繁に出てきます。文脈によっては義務負担を意味するshallを使用することが適切でない場合があるので、注意しましょう。

2 当事者に対する禁止の表現は、"shall not"か

29

"must not"です。"may not"は禁止の趣旨かどうか明確でない場合があります。

3 英文契約では、当事者の義務負担の前提条件を表現するため、"Seller shall ... "、"if ... "というようなshallとif節を使用した文型が大変多く出てきます。この場合のif節の時制は、現在形か現在完了形となります。

コラム 条件節の時制

英文法や英作文などは、大学受験の際に勉強したきりで、社会人になる頃にはきれいさっぱりと忘れてしまい簡単な英文のビジネスレターを書くのも一苦労というのが普通ではないでしょうか。

とかく難しく思われている英文契約や法律英語ですが、実は使われている文法表現のバリエーションは多くありません。むしろワンパターンの表現が多いので、いったん慣れてしまえば英語の小説や新聞を読むよりずっと簡単です。

英文契約で一番よく出てくる表現は「何々の場合、誰々は何々しなければならない（何々をするものとする）」というものです。契約書は、一方当事者の他方当事者に対する権利義務を記載するものだからです。例えば、「甲が、本契約の条項に違反し

た場合には、違反ごとに損害賠償としてとして100万円を乙に支払わなければならない」という文章は、"If A has breached any obligation under this Agreement, A shall pay B 1 million yen per breach as liquidated damages" という条件節（conditional clause）で表現できます。この場合のshallは "has a duty to" の意味です。また条件節の時制は、現在形か、現在完了形です。ときたま古い契約書の書式では、ifの後にshallを使用した "If A shall have breached ..." というような表現が見られますが、これは正しくないとされています。なぜか、この単純な文法も社会人になってしまうとあやふやです。新人の弁護士や秘書に条件節を使った文章の英訳をさせると、必ず半分以上の人が "If A will breach ..." というような未来形を使う間違いをします。これは、条件節で起こる事実は、現在の事実ではなく、未来の事実だと論理的に考えた結果だと思います。実際ネイティブスピーカーでも同様に考えて、"If A shall breach ..." というような表現をしていることがあります。また、この条件節に "If A breached ..." というような過去形を使う間違いをすると仮定法になってしまいます。仮定法過去は、「何々としたら、何々だったのに」という現在の事実と違うことを前提にした期待や願望を示す表現です。恐らく

ifと見ると仮定法過去か、仮定法過去完了という受験時代の悪夢がトラウマになっているのでしょう。英文契約では仮定法はあまり出てきませんのでご安心を（しかし、全く出てこないわけではありません。英文契約における仮定法の例は、第5章「知的財産権非侵害表明保証条項の留意点」のコラム（233頁）を参照してください）。

　条件節の中で現在形（If A breaches any obligation）を使うか、現在完了（If A has breached any obligation）を使うかは、実際上あまり悩む必要はないと思います。私がよく参照する本（A Manual of Style for Contract Drafting (Second Edition) Kenneth A. Adams）では、どのような場合でも現在形でOKだと書いてあります。現在完了形とはご存じのように、過去の事象が現在まで引き続き継続している状況を示す場合に使われる表現なので、現在完了形の方がしっくりくる感じがしますが、どちらを使用したら間違いというわけではなく、誤解を招くこともないと思います。英文契約の時制については、第5章「グラントバック条項とは？」のコラム（211頁）でも再度取りあげています。

第2章

英文売買契約書の重要条項

国際取引の売買代金はどう決める？

　国際取引における商品の売買代金はどのような定め方をすればよいのでしょうか？　今回は貿易条件を使った代金の定め方について考えてみましょう。

Article 3. Pricing and Payment Terms
The pricing for the Products shall be as described in Exhibit A. The price for the Products shall not increase without written consent of Buyer. Payment under this Agreement will be made in United States Dollars. Buyer shall make payment for the Products within 90 days after the date of the invoice for the Products.

第３条　価格および支払条件
本製品の価格は、別紙A記載のとおりとする。本製品の価格は、買主の書面による同意なく増額しないものとする。本契約上の支払いは米ドルでなされる。買主は、本製品の請求書の日付後90日以内に本製品に対する支払いをしなければならない。

(別紙A)

Amount of Product	Price per gram
Not over 50 (fifty) kg	50 (fifty) Yen
Over 50 (fifty) kg	45 (forty five) Yen
Over 100 (a hundred) kg	40 (forty) Yen

売買価格はIncotermsに沿った表現で！

部長 石原君、君が作ってくれた第３条の価格表だが、これはFOBかい？　それともCIF？

ゆい 何ですか、それ？　FBIとCIAなら聞いたことありますけど…。

部長 やれやれ。そんなことも知らないでこの価格表をつくったのかい？　FOBやCIFは国際商業会議所（International Chamber of Commerce〈略称はICC〉）が定めたIncoterms（インコタームズ）で定める貿易条件のことだよ。FOBは"FREE ON BOARD"の略で、売主は船積地の港で船に積み込むまでの費用を負担し、買主は船に積み込まれた以降の運賃、保険料、輸入関税、通関手数料等を負担する。FOBの後に船積地を明示するが、当社の場合だと、清水港で船積みをするので、"FOB Shimizu"となる。一方CIFは"COST, INSURANCE AND FREIGHT"の略で"CIF New York"というように荷揚地を明示する。当社と

Manhattan Cosmetics, Inc.との費用負担はそれぞれ次のチャート図のようになる。貿易条件を明示しないと買主には価格にどのような費用が入っているかわからないだろう。

ゆい 確かに、そうですね。ところで部長、海上輸送中に事故で船が沈んでしまった場合、Manhattan Cosmetics, Inc.に対して、わが社は商品代金は請求できるんですかね？

部長 CIFについては、売主が海上運賃、海上保険料

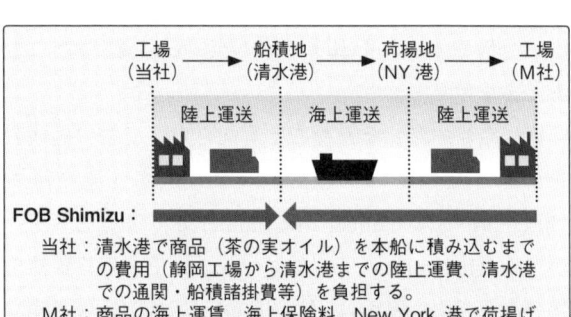

まで負担するため、危険負担の移転時期は荷揚地と誤解されやすいけど、CIFの場合もFOBと同じで、危険負担は、船積みの時点で買主に移転するんだ。だから、どちらの条件でも代金の請求は可能だよ。買主はこの点のリスクは保険でカバーすることになる。

ゆい 貿易条件っていろんなところに影響するんですね。私の理解を超えています。

部長 何だ、もう音をあげるのか。ちなみに、FOBという単語は、改正米国貿易定義において、インコタームズとは違う使われ方をしているから、米国企業と取引する場合には、単なるFOBではなく、インコタームズの規定する意味であることを明示する必要がある。インコタームズ自体も何度も改訂されており、どのインコタームズに定められている条件かを明示しておくことが望ましい。なお、最新版は2010年改訂だよ。

では、次の表（次頁）で、例えば120kg茶の実オイルを購入したときは、いくらになる？

ゆい 120kgだと、50kgまでは１ｇ＝50円で、50kgから100kgが１ｇ＝45円で、100kgを超えると１ｇ＝40円だから…合計すると555万円です。

部長 でも、この価格表だと、120kg全部について、１ｇ＝40円と解釈することもできるよね。

ゆい いわれてみればそうですね。どう修正したらいいでしょうか？

部長　一番簡単なのは計算式を入れておくことだね。さっきの貿易条件も入れると例えば次のようになる。

Amount of Product	Price per gram
Not over 50 (fifty) kg	50 (fifty) Yen
Over 50 (fifty) kg	45 (forty five) Yen
Over 100 (a hundred) kg	40 (forty) Yen

【計算式】
The price is FOB Shimizu (Incoterms 2010).
Example: If the amount of Product is 120 kg, the price is 5,550,000 yen ((50× 50,000) + (45× 50,000)+ (40× 20,000)).

支払通貨は円？　それともドル？

部長　第3条の本文は何か問題ないかい？
ゆい　こちらの提示した価格が円建てなのに相手方が米ドル建てで支払ってくることで為替の問題があると思います。
部長　そうだね。こちらは円建てで提示するので、支払いを米ドルでするというのは混乱を招くのでとりあえずこの点は削除してもらおう。価格は、相手方の同意がない限り変更できないことになっているが、その点はどうだい？

ゆい 契約してもらう以上仕方がないですよ。相手の会社の方が格上だし。

部長 まったく、君はそれでも法務部員か⁉ 今回の契約は、一回きりの売買ではなくて継続的な取引だから、現時点で提示した価格にずっと拘束されるとウチに不測の損害が生じることも考えられる。だから価格を変更できる余地を残しておくことも必要だ。これらの点を考慮すると、こちらから提示する対案はこんな感じかな。

Article 3. Pricing and Payment Terms

The pricing for the Products shall be as described in Exhibit A. Seller reserves the right to change prices in Exhibit A at any time upon 90 days written notice to Buyer. Buyer shall make payment for the Products within 90 days after the date of the invoice for the Products by wire transfer to the bank account designated by Seller.

第3条　価格および支払条件

本製品の価格は、別紙A記載のとおりとする。売主は、買主に対する90日の書面による事前通知により何時でも別紙Aの価格を変更する権利を有する。買主は、本製品の請求書の日付後90日以内に

売主の指定する銀行口座への電信送金により本製品に対する支払いをしなければならない。

今回の ポイント

■ 国際取引の売買価格を決める場合、その価格に商品の引渡しに関するどのような費用が含まれるのかを確認・検討した上で、インコタームズに従って表現するのが通常です。そのほかに、価格の変更、支払方法、支払通貨などの諸条件にも注意する必要があります。

コラム Incoterms(インコタームズ)

インコタームズ2010年版では、海上運送を伴う売買に適用される代表的な取引条件であるFOBとCIFのほか、EXW (EXWORKS)、FCA (FREE CARRIER)、CPT (CARRIAGE PAID TO)、CIP (CARRIAGE AND INSURANFE PAID TO)、DAT (DELIVERED AT TERMINAL)、DAP (DELIVERED AT PLACE)、DDP (DELIVERED DUTY PAID)、FAS (FREE ALONGSIDE SHIP)、CFR (COST AND FREIGHT) の全部で11の取引条件が規定されています。

これらの取引条件の意義の詳細は、国際商業会議所日本委員会の発行する「インコタームズ2010」で解説されています。これらの取引条件では、国際間の売買について、売主と買主間の一定の義務や危険の負担について定めています。インコタームズがカバーする事項は、商品の梱包義務、運送義務、保険の付保義務、引渡しに関する買主への通知、輸出の通関に関する義務、輸入の通関に関する義務、送り状などの書類の提供義務、商品の安全性に関する情報の提供義務などです。

インコタームズに11もの異なった取引条件が規定されている理由は、売主買主間で、①商品の引渡場所、②商品の輸送にかかる運送契約にかかる売主の義務の範囲、③商品についての売主の付保義務、④輸出通関に関する売主買主の義務の分担、⑤輸入通関に関する売主買主の義務の分担、⑥商品の危険負担の移転時期、等について異なる取決めがなされることを想定しているからです。

例えば、商品の引渡しに関して売主にとって一番負担が少ないEXW条件では、①商品の引渡場所は、売主の工場、倉庫などの場所、②売主は運送契約を締結する義務を負わない、③売主は商品の保険を付保する義務を負わない、④売主は輸出地での通関を遂行する義務を負わない、⑤売主は輸入地での通関

を遂行する義務を負わない、⑥商品の危険は、売主の工場、倉庫内で買主の処分に委ねた時点で移転する、となります。これに対し、売主にとって一番負担が大きいDDP条件では、①商品の引渡場所は、合意された買主の国の一定の地点、②売主は指定仕向地の合意された地点までの運送契約を締結する、③売主は商品について保険を付保する義務を負わない、④売主は輸出地での通関を遂行する義務を負う、⑤売主は輸入地での通関を遂行する義務を負う、⑥商品の危険は、指定仕向地の合意された地点に到着した輸送手段の上で物品を買主の処分に委ねた時点で移転、となり、両条件では売主の義務の範囲がかなり異なっています。

　インコタームズの規定の理解を複雑にしているのは、これらの取引条件が、商品の引渡場所がどこかという問題（例えば、売主の工場内か、売主が海上運送の本船に積み込んだ時点か、買主の指定する買主国内の場所か）と、売主が運送契約を締結する義務を負うかどうか、売主が商品に対する保険を付保する義務を負うかどうか、売主が輸入地の通関を遂行する義務を負うかどうか、等の問題を別個の問題としているからだと思われます。

　例えば、FOBとCFR、CIFの違いは、CFRでは、

FOBと違い、指定仕向港までの海上運送契約を締結してその運賃を負担する必要があり、CIFではこれに加えて、貨物保険を取得してその保険料を負担する必要があるという違いがあります。しかし、これらのいずれの条件でも、売主の買主に対する商品の引渡しは本船上に商品を積み込んだ時点で完了するとされています。一見すると、売主が商品を一定の場所まで運送する運送契約を締結する義務がある場合には、その運送が終了した時点で引渡しが完了し、また、その時点で商品の危険が移転する、と考えるのが素直な感じがします。しかし、CIF、CFR、CPT、CIPのいずれの条件でも、売主には被仕向け地までの運送契約を締結する義務はありますが、引渡しの時点は運送人に商品を引き渡した時点であり、その時点で商品の危険も移転するものとされています。

このようにインコタームズの規定内容は複雑ですが、これらの条件は、前述のように商品の梱包義務、運送義務、保険の付保義務、引渡しに関する買主への通知、輸出の通関に関する義務、輸入の通関に関する義務、送り状などの書類の提供義務、商品の安全性に関する情報の提供義務などの諸問題をカバーしていますので、これらに関する限り、インコ

タームズの取引条件のどれを適用するかを合意するだけで、当事者間で別途詳細な契約をする必要はないことになります。インコタームズは国際商業会議所が定めるルールであり、法律としての性格を有するものではなく、これに従うかどうかは当事者の自由です。にも関わらず国際取引で一般的に使用されているのは、このような便利さによるものだと思われます。

　インコタームズについて、当該条件がカバーしていない内容も理解しておく必要があると思われます。例えば、インコタームズは商品の品質保証に関する義務や、商品の所有権の移転等はカバーしていません。したがって、これらについてはインコタームズを利用する場合でも別途契約書への記載が必要です。

期間や期限の記載について

　期間条項は、契約の期間に関する条項です。ここでは期間や期限に関して契約書で使用される表現一般について考えてみましょう。

　終業時間間際の株式会社ティーシード法務部。ゆいにいつもの元気がありません…。

「明日まで」はいつまで？

部長　石原君、どうしたんだ？
ゆい　専務に昨日頼まれた仕事を今日持っていったら、「遅い！」って怒られたんですぅ…。昨日はっきり「明日まで」っていわれたんですよ！　期限に間に合わせたのに怒られるなんて、私、絶対専務に嫌われています。
部長　何だ。君は専務のことを理解していないね。

Article 4. Term
This Agreement shall remain in effect for one year from the date of execution of this Agreement. Thereafter, this Agreement shall automatically renew for successive one-year terms unless either party gives the other party written notice of termination at least 30 days prior to the expiration of the

initial period or the extended period of the Agreement.

第4条　期間
本契約は、本契約の締結の日から1年間有効とする。その後、本契約は、本契約の当初期間または延長期間の少なくとも30日前に一方当事者が相手方当事者に書面による解除通知をしない限り、その後1年ずつ自動的に延長される。

部長　典型的な契約の期間に関する条項は、この条項のように、①当初の契約期間、②契約が期間満了後更新されるかどうか、更新される場合には、その更新期間、③契約が自動的に更新される場合には、更新拒絶の方法、以上について記載されている。そこで、この契約を4月1日に署名したとすると契約期間はいつまでになる？
ゆい　話をそらさずに少しは慰めてくださいよ！
部長　文句をいわずに、はい、回答！
ゆい　4月2日から起算して1年間だから翌年の4月1日までじゃないんですか？
部長　確かに、期間の初日を計算しないというのは日本法でも英米法でも一般的なルールだね。でも、当事者としては区切りのいい3月末日を満了日と意図して

いることがほとんどじゃないかな。3月31日で契約が終了することを明確にしたかったらどう書けばいいかな？

ゆい　"one year from the date of execution of this Agreement" の代わりに、"from April 1, 2011 to March 31, 2012" としたらどうでしょうか？　to の代わりにuntilでもいいかも。

部長　いいだろう。では、例えば、

> The seller may amend the price
> (1) until June 15,
> (2) to June 15,
> (3) by June 15,
> (4) before June 15,
> (5) prior to June 15

のそれぞれの場合で、売主は6月15日に製品の価格を変更できる？　できない？

ゆい　私はuntil、to、byはできて、beforeとprior toはできないと思いますけど…

部長　実は、untilもbyもtoも裁判例が分かれてはっきりしないというのが正解なんだよ。

ゆい　え、何ですかそれー!?

部長　では、期間の始めの表現の方はどうかな？

47

> The seller may amend the price
> (1) after June 15,
> (2) from June 15,
> (3) starting June 15,
> (4) commencing on June 15

のそれぞれの場合で、売主は6月15日に製品の価格を変更できる？ できない？

ゆい afterはできないけど、残りはできると思うんですけど…。

部長 実は、fromもafter同様、後ろに書かれた日付は含むと解釈されたり、されなかったりするんだ。

ゆい もう、部長さっきから正解がない問題ばっかり！

部長 正解がないというのがミソなんだよ。3月31日だと疑問なく含まれるように思えても、6月15日のように中途半端な日だと何ともいえなくなってくるだろう。最終的に裁判所が判断する場合には、使われている前置詞も考慮するけど、併せて当事者の合理的な意思も斟酌して最終的に意味を判断することになると思う。だから、6月15日を含む趣旨であれば、"on or after June 15"とか"on or before June15"と書いた方がいいね。また、始期と終期を明確にするには、

"inclusive"や"exclusive"といった語を使うこともできる。例えば、「本契約は6月15日から12月15日まで有効とする」は、"This Agreement is effective from June 15 to December 15, both inclusive." と書けば、両端の日を期間に含むことが明確となる。

ゆい　なるほど、そういう言い方があるんですね！

部長　あと、逆に避けた方がいい曖昧な表現には、betweenがある。例えば、"between June 15 and December 15." という場合、両端の6月15日と12月15日が含まれるとするかどうかは人によって判断が分かれるよ。

更新の際も期日に注意！

部長　この条項では30日前に解除通知をしないと契約が自動更新されることになっている。更新をしたくない場合にはいつまでに更新拒絶の通知をしないといけないかな？

ゆい　3月31日が期限だと30日前だから3月1日じゃないですか？

部長　31日が期間満了の日とすると、その1日前が30日、2日前が29日として逆算すると3月1日が30日前となるのでそれで正しいように思われる。しかし、例えば日本の会社法299条1項は「取締役は、株主総会の日の2週間前までに、株主に対してその通知

を発しなければならない」と規定しているが、裁判所は、総会の日と招集通知の発送の日の間にまるまる2週間を置く必要があると解釈している。これと同じ考え方だと、2月中に相手方に更新拒絶の通知が到達する必要があることになるよね。契約書によっては、書留郵便など通知の方法が限られていたり、満了日が休日になることもあるので、要注意だよ。日本時間か、米国時間にしても米国内のタイムゾーンによっても違ってくる。

ゆい 時間的余裕を十分にもって通知をしておくってことですね。

部長 最後の質問だけど、「売主は、本契約の1年後の日から15日以内に商品価格の変更通知をしなければならない」を英訳するとどうなる？

ゆい "The seller must send notice to amend the price of the product within 15 days of the first anniversary of this Agreement." でしょうか。

部長 英語自体は間違っていない。でも、この文章では、そもそも契約日の1年後の日の「前の」、15日以内か、「後の」15日以内か、はっきりしないだろう。期間にwithinが出てきたら要注意だよ。本当は、君は答える前に、前か後か僕に確認した上で、前であれば "within 15 days prior to" と、後であれば、"within 15 days following" というべきだったんだよ。

ゆい はぁ～、期日の表記には細心の注意が必要なんですね。

部長 ところで、石原君。例の翻訳だけど「明日までに」やっておいてくれるかい？

ゆい 部長の「明日まで」って、専務と違って「今日中」じゃなくて"today or tomorrow"という意味なんですよね。今日は失礼しまーす！

部長 ……。

今回のポイント

1 典型的な契約の期間に関する条項は、①当初の契約期間、②契約が期間満了後更新されるかどうか、更新される場合には、その更新期間、③契約が自動的に更新される場合には、更新拒絶の方法、について記載されています。

2 期間の始期や終期は不明確になるおそれがあるので、できるだけ明確になるよう表現を工夫する必要があります。

コラム　beforeと「以前」の違い

前置詞のuntil、by、beforeは、日本人の感覚では、漠然と同じような意味にとらえられているのではないでしょうか。

byとuntilの違いについて、byは「〜までに」という期限を意味し、untilは「まで」という継続的な期間を意味すると学生時代に習ったように思います。しかし、社会人になって、そういった説明より、"Please finish this job by tomorrow（この仕事を明日までに仕上げてくれ）"といわれたら、その仕事を明日やればいいのか、今日中にしなければならないのか、イマイチ判断がつかないということが切実な問題であることに気づきました。

　"before April 1"や"by April 1"という場合に、4月1日が含まれるのか、含まれないのかというような点について、学生時代に意識して教えられた記憶がありません。では、手元にある英和辞典（『新英和中辞典第6版』研究社）を見てみましょう。beforeについては、「以前に」という訳語があてられていますが、これだけでは4月1日自体が含まれるのかは判然としません。

　では、英英辞典ではどうでしょうか。インターネット上の辞書でbeforeを調べてみますと、その意味は"Previous to in time; earlier than"と説明されています（「The Free Dictionary」。http://www.thefreedictionary.com）。この説明によると、"before April 1"は、4月1日を含まないようです。では、英和辞典に書かれていた「以前は」という日本語

は、4月1日を含まないと解釈していいのでしょうか。

　実は、日本の法令用語では、4月1日「以前」という言葉を使用した場合には、4月1日は含まれることになります。この点は、内閣法制局長官であった林修三氏の著書で次のように説明されています。「『以』の字のついた方は、基準時点を含んで、その前または後への時間的広がりを表すのに対し、『以』の字のつかない方は、基準時点を含まない意味に使われる。すなわち、『昭和五十年四月一日以前』といえば、四月一日を含んでそれより前の期間または時間的広がりを表すのに対し、『四月一日前』といえば、四月一日を含まず、したがって三月三十一日より前ということである。つまり、『三月三十一日以前』というのと同じことになる」(『法令用語の常識』林修三、日本評論社)しかし、日常用語で、「以前」という用語を使用した場合には、4月1日は含まれないと解釈することは必ずしも誤りではありません。

　このように、beforeがearlier thanと同義であるとの前提に立てば、beforeを「以前」と訳している英和辞典は、日本の法令用語の用例とは異なる用語の使い方をしています。"To preserve the right, the objection must be filed before April 1, 2011"という

条項を、英和辞典の訳語に従って、「権利を保全するためには、不服申立ては2011年4月1日以前に提起されなければならない」と翻訳をしたらどうなるでしょうか。この英文契約の日本語訳を見て、日本の法令用語と同義に解釈し、4月1日に申立てをしたら、既に権利が失効していたということになりかねません。

　これは、日本人が日本語の契約書を英訳や、英文契約書の日本語訳を作成する場合に、英和辞典や和英辞典を使用した場合の落とし穴の例です。契約書で使用される用語は、法的な意義に解釈される可能性が大です。これらの作業にあたって必ずしも法律の専門家ではない英和辞典や和英辞典の編集者の使用した訳語に全面的に依拠してはならないことはいうまでもありません。

品質保証条項で変わる主張内容

　品質保証条項は、目的物の内容を保証する条項です。例えば、材質や色など「物理的性状」が保証内容になっている場合もあれば、「化粧品の材料として適当」というような目的物の「評価」が保証の内容とされる場合もあります。保証条項次第で、商品の瑕疵として主張できる内容が変わってきますので英文契約特有の品質保証条項の表現内容を十分理解する必要があります。

　Manhattan Cosmetics, Inc.からのドラフトを確認するゆい。今度は第5条でひっかかっているようです。

Article 5. Warranty
Seller expressly or impliedly warrants that all of the Products will conform to the specifications, be merchantable, and fit for an ordinary and particular purpose.

第5条　保証
売主は、本製品のすべてが仕様書に合致し、商品性があり、かつ、通常および特定の目的に適合することを明示的または黙示的に保証する。

ゆい　部長、この規定、ネチネチしつこくてさっぱり意味がわからないんですけど。

部長　この保証に関する規定は重要な規定なんだよ。

ゆい　私、ネチネチしつこい男も嫌いだけど、ネチネチしつこい規定はもっと苦手なんですよねー。

部長　ネチネチしつこい規定を克服したら、ネチネチしつこい男も受け入れられるようになるかもしれないぞ。僕もこの種の規定には苦い思い出がある。この機会にじっくり検討しようじゃないか。

ゆい　はっきりいって、そんな男を受け入れる必要性は感じないんですけど、部長の失敗談には興味があります。早く教えてください！

部長　そうまでいうのなら、まず君に質問だ。そもそもこの規定は何のためにある？

ゆい　製品に問題があった場合に、買主が当社の責任を追求するためですよね。でも日本の契約書だったら、こんな書き方しないと思います。

部長　なるほど。それは、目的物の瑕疵に関する法律の規定ぶりの違いが、契約書の違いとして反映されているからだよ。

ゆい　確か、日本の民法は、売主の瑕疵担保責任について、「売買の目的物に隠れた瑕疵があったときは」としか書いていませんけど、米国の法律は違うんですか？

明示的保証と黙示的保証とは

部長 米国統一商法典には、動産の売買について、目的物の保証に関する規定がある。目的物の瑕疵は、その違反とされている。保証は"express warranty（明示の保証）"と、"implied warranty（黙示の保証）"の二つに区別される。明示の保証は、取引の基礎として売主が①商品に関する約束や事実確認をした場合、②商品説明を行った場合、③商品のモデルやサンプルを提供した場合に発生する。

ゆい うちは茶の実オイルの仕様書を買主に提出しましたよね？

部長 だから仕様書に適合していることを明示的に保証したことになる。

ゆい じゃあ、黙示の保証は？

部長 黙示の保証は2種類ある。一つは、"implied warranty of merchantability（商品性に関する黙示の保証）"で、売主が商人の場合、明確に約束しなくても、目的物が"merchantable"、すなわち、商品として通用することが保証されている。法律上"merchantable"であるためには、少なくとも①商品が異議なく流通する、②代替可能な物の場合は、中等の品質のものを提供する、③通常の目的に沿うものである、④各ユニットの種類、品質、数量が均等であ

る、⑤包装、表示が適切である、⑥表示内容に虚偽がない、ということでなければならない。この契約書の"be merchantable"にも、そのような意味がある。

ゆい じゃあ、"fit for an ordinary and particular purpose"はどういう意味ですか？

部長 まず"ordinary purpose"の方は、実は"merchantable"の一内容である「商品が通常の目的に沿う」ことを言い換えたに過ぎない。例を挙げれば、買ったタイヤに穴が開いていたら、売主が「このタイヤには穴が開いていません」とわざわざ明示的に説明しなくても、穴が開いたタイヤは、「商品の通常の目的に沿う」ことにはならないので、黙示の保証の違反が生じることになる。

ゆい じゃあ、"fit for particular purpose"の方は？

部長 実は、こちらの方は2種類目の黙示の保証である"implied warranty of fitness of particular purpose（特定目的の適合性に関する黙示の保証）"を意識した文言なんだ。この種の保証は、①売主に、買主が特定の商品を買う目的を知っていると判断される合理的な理由があり、かつ②買主が売主による商品選択の技量および判断を信頼している場合に発生し、その目的に商品が適合することが保証内容となる。例えば、「これから雪山に行くので適当なタイヤを買いたい」といってタイヤを買ったとしたら、売ったタイヤには

「雪山を走れるタイヤである」という黙示の保証があることになる。売ったタイヤが実はスノータイヤでなく、普通のタイヤだったとしたら、たとえそのタイヤが穴が開いていない良品であっても黙示の保証の違反が生じるんだ。

ゆい 条文冒頭の"expressly or impliedly"は、明示の保証も黙示の保証も両方担保するという意味ですね。

部長 そうだ。それこそが僕が経験した紛争の火種さ。以前商社にいたとき、ドラム缶に詰めて売った農薬の中に缶の内側の塗装が剥げて混入し、色が変色したというクレームがあった。買主は異物が入っていると思って農薬を誰も買わないから、商品が異議なく流通することにならず、黙示の保証違反があるといってきたのに対し、売主である僕のいた商社は変色しても農薬としての効果に変わりはなく使用に支障はないと反論したんだが、結局かなりの額を賠償せざるを得なかった。このように黙示的保証を含む条項にはリスクが多いんだよ。商品が異議なく流通することまで保証が含まれるとなると、商品の買主以外の者の事情も考慮されることになるしね。

この一件で、契約書を作った僕の社内での地位は大暴落だ。それからだよ。僕の人生が変わってしまったのは…。あのとき農薬の化学的成分だけを保証の内容

にしとけば…今頃君とこんな話をしていないのになぁ。

ゆい 部長、人間万事塞翁が馬！ それは結果的にみれば、不運じゃなくて、むしろ幸運なステップですよ！ あの会社にずっと勤めていれば今頃リストラでポイですよ。私みたいにキュートな部下に出会うこともなかっただろうし。

部長 君は全く意味もなくポジティブだね。そこでポジティブシンキングの石原君、この契約条項は許容できるかい？

ゆい 茶の実オイルを最終的にテストして、採用したのは先方ですからね。別の原料と混合して思いもよらない結果が生じないとも限らないし。少なくとも、先方の化粧品を前提として"fit for particular purpose"とはいいたくないですね。

部長 "be merchantable"や"fit for an ordinary purpose"の方はどうだい？

ゆい これも引っかかりますね。茶の実オイルの通常の使用目的って一体何なのかしら…。

部長 君のいうとおり、通常の目的というのは一義的に明らかではなく、最終的には、裁判所で確定されることとなる。その不明確な内容の保証を避けたいところだね。

ゆい では、仕様書に適合することについての保証以

外は削除した文面で交渉しましょうか。

部長　フッフッフッ、そうくると思った。だが、それではダメだね。

ゆい　エェー？

保証がないことも「明確に」書く

ゆい　不明確で問題がある文言を全部削除して、"Seller warrants that all of the Products will conform to the specifications." とすることがどうしてダメなんですか？

部長　例えば、君が合コンに参加したとする。君が、参加した男性たちに、わざわざ君が彼氏募集中だというのといわないのでは何が違う？

ゆい　？？？

部長　米国統一商法典には "express warranty（明示の保証）" と "implied warranty（黙示の保証）" という概念があると説明したよね。いってみれば黙示の保証とは、わざわざ彼氏募集中といわなくても合コンに参加したこと自体から、「彼氏募集中」だと当然に推定されるのと同じことだ。法律上当然に認められる保証なんだから、単に契約書からこれらの文言を削除するだけでは意味はない。

ゆい　じゃあ、どうしたらいいんですか？

部長　もし君が左手の薬指に指輪をしていけば、合コ

ンに参加した男はみんな引くだろう。

ゆい　部長の例えがよくわかんないんですけど…

部長　つまりだな、保証がないことを明確にするため、免責条項を書けばいいんだよ。

ゆい　うーん。それなら"Seller makes no other warranties whatsoever.（売主は、その他何らの保証責任を負わない)"でどうでしょうか？

部長　よくできました…といいたいところだが、実は、これでは米国統一商法典上は問題がある。米国統一商法典では、商品性の保証を排除したかったら、「商品性」に言及した上で、"conspicuous（目立つよう)"に書かなければならないと規定している。目的への適合性の保証を排除したい場合も同様だ。君の文章は、商品性について書いてもいなければ、目立つような記載方法にもなっていない。

ゆい　法律でそこまで規定されているとは思いませんでした。でも具体的にはどう書くんですか？

部長　例えば、こんな感じだね。

"SELLER DISCLAIMS ALL IMPLIED WARRANTIES, INCLUDING, WITHOUT LIMITATION, ALL IMPLIED WARRANTIES OF MERCHANTABILITY AND FITNESS FOR A PARTICULAR PURPOSE."

ゆい　うわぁ。全部大文字で読みにくいんですけど。

部長 conspicuousというのは、一般人が、当該文言を見た場合に気づくような書き方という意味だ。具体的には、全部大文字で書いたり、フォントを大きくしたり、色を変えて使うことがある。確かに読みにくいけど、通常の契約書では免責文言は全部大文字で書いてある。

ところで、日本の法律は瑕疵ある商品の供給を受けた買主の権利についてどのように規定しているかな？

ゆい 民商法の規定によると、隠れた瑕疵については、買主は、引渡しから６カ月以内に通知すれば、損害賠償を請求したり、契約を解除して代金の支払いを拒むことができると規定しますけど、米国ではどうなのかしら？

「瑕疵ある商品」を提供した場合に考慮すべき点とは

部長 米国統一商法典では、買主は引渡しを受けた商品を検査する合理的な機会を与えられた後、瑕疵を発見した時、またはこれを発見すべき時から合理的な時間内に売主に通知しないと、売買の目的物を受領したものとみなされ、かつ、瑕疵に関して売主に対して契約違反の主張ができなくなる。日本の商法と違い、引渡しの時点から６カ月というような明確な期間制限はなく、「合理的な期間」としか書いていないので、いつまで保証違反の責任の追及を受けるかどうか不安定

なところがある。

ゆい　そうすると、保証期間を明確にする規定も契約に入れた方がいいですね。

部長　そうだね。でも、もっと問題なのは損害賠償だ。当社は品質第一で、問題ある商品の取替えはやぶさかではないが、損害賠償の請求を受けたくないからね。

ゆい　品質保証の違反に関する損害賠償について米国統一商法典はどのように規定してるんですか？

部長　買主は商品の受領時、場所を基準として、瑕疵がある商品の価値と、契約どおりの品質があったとした場合の商品の価値の差が損害賠償額となる。加えて買主は、付随的損害および間接損害も賠償請求をすることができる。付随的損害とは、瑕疵ある商品の検品、輸送、保管などの要した費用や、他から瑕疵のない商品を調達するに要したブローカーの手数料などの損害を意味する。間接損害は、買主側の商品に関する一般的または特殊な必要性を売主が知ることができた場合に、請求可能であり、他から代替商品を調達すること（カバー）等によって避けることができないものをいう。当社とManhattan Cosmetics, Inc.との関係で、特に問題となるのが間接損害だ。どうしてかわかるかい？

ゆい　茶の実オイルは当社独自のもので他から同じも

のを調達できないから、ですね。

部長 そうだ。だから、当社が供給した茶の実オイルの品質に問題があると、先方では化粧品の製造ができないことになる。生産ラインが全面的にストップすると、その間の逸失利益などの賠償問題になりうる。当社としては、特に損害賠償については責任を負わない旨の規定を入れたいところだ。当社からの対案はこれでいいだろう。

Article 5. Warranty

Seller warrants that all of the Products will conform to the specifications. SELLER DISCLAIMS ALL IMPLIED WARRANTIES, INCLUDING, WITHOUT LIMITATION, ALL IMPLIED WARRANTIES OF MERCHANTABILITY AND FITNESS FOR A PARTICULAR PURPOSE. Seller's sole obligation in the event of breach of any warranty shall be limited to the replacement of defective Products. In no event shall Seller be liable to Buyer for any ordinary, special, indirect, incidental, punitive, exemplary or consequential damages of any kind, including but not limited to, loss of profits, business interruption, loss of business opportunity, loss of use, or damages to Buyer's business reputation, however caused and on any theory of liability, whether in an action for contract, strict liability or tort (including negligence) or otherwise, whether or not Seller has reason to know or been advised of the possibility of such damages.

第5条　保証
売主は、本件製品が、仕様に合致することを保証する。**売主は、商品性および特定の目的の適合性を含め、あらゆる黙示の保証をしない。**売主の保証違反の救済は、瑕疵ある本件製品の取替えに限定される。いかなる場合も、売主は、逸失利益、事業中断、事業機会の喪失、利用機会の喪失、買主の事業の信用に対する損傷を含め、発生原因または契約、無過失責任、不法行為（過失を含む）その他の責任の理論を問わず、また、売主が当該損害の可能性を認識し、または、これを告知されていたか否かを問わず、一切の通常、特別、間接的、付随的、懲罰的または派生的損害賠償の責任を負わない。

今回のポイント

1 英文契約書特有の商品性や特定目的の適合性

など、品質保証条項の意味内容をよく理解しましょう。

2 黙示の保証も含めて売主の品質保証の範囲を制限するためには、免責文言を記載する必要があります。

3 免責文言を入れる場合には、「目立つように」記載することが必要であるなどの法律上の要件に注意する必要があります。

4 瑕疵ある商品を供給した売主には逸失利益など損害賠償について責任を負う可能性があるため、これを除外ないし制限する旨の文言を入れることが望まれます。

コラム 免責条項の有効性

　男性の費用負担を前提に、独身男性が高級フレンチレストランでの合コンを企画しました。相手方女性の中に、ひときわ魅力的な女性が一人。男性陣は張り切って、急遽(きょ)ワンランク上のコースメニューに切り替え、高級シャンパン、ワインのボトルを開けて女性陣をもてなしました。

　さて、男性陣がそれぞれかなり痛い出費をして勘定を支払った後、女性陣を二次会に誘いました。すべての男性のお目当ては件の女性。ところがこの女

性、「私、あまり遅くなると夫に怒られるから。今日は楽しかったわ。ごちそうさま」と先に帰ってしまいました。「なんで合コンに既婚者を連れてくるんだ。少なくとも彼女の分は返せよ！」と詰め寄った男性陣に対し、女性陣の幹事の答えは、「人数が足りなかったし、ほかに誰もいないから来てもらったの。最初から気づいていると思ったのに。彼女、左手の薬指に指輪していたでしょう。それに皆さんも楽しまれたのでしょう？」と。

　黙示の保証とは、合コンに参加する女性が、彼氏募集中といわなくても彼氏募集中であると推定されるということと同じであり、保証契約における免責条項とは、左手の薬指に指輪をしている女性のようなものだと説明をしました。
　しかし、この状況下での左手の薬指の指輪は果たして免責条項として、有効なものだったでしょうか。男性諸君の言い分を聞いてみましょう。

A氏　左手の薬指に指輪をしているなんて全然気づかなかったよ。結婚しているなら、先にそういってくれればよかったのに。結婚していながら合コンに参加するなんて詐欺だ。
B氏　もちろん、指輪をしていることは気づいてい

たさ。でも女性の場合、左手の薬指の指輪は既婚を意味するとは限らないからね。合コンに参加するぐらいだから、彼氏とうまくいっていないと思っていたよ。結婚しているのに合コンに参加するなんて詐欺だ。

C氏 もちろん、指輪をしていることは気づいていたし、結婚しているかなとも思ったよ。でも、話の中で家庭のことも何もいわなかったから新しい出会いを求めていると思っていたよ。最初から可能性がないのならはっきりいうべきだ。詐欺だ！

　男性陣のうち、A氏は免責条項を見ていないと主張しています。B氏は免責条項は見ていたものの、条項の趣旨が明確なものではないと主張し、免責条項の無効性を指摘しています。C氏の主張はB氏の主張に加えて、免責条項と矛盾するような言動があり、誤解を招くものであったという主張をしています。これらは、裁判で免責条項の適用を排除しようとする当事者が行う典型的な主張といえるでしょう。

　合コンで女性の左手の薬指の指輪に気づかなかったというA氏の主張は、にわかに信じがたいことですが、残念ながら、国際取引で契約書の規定をよく読まずに契約をしてしまい、問題が起きた時点で免

責条項に気づいて後の祭り、という例がないわけではありません。免責条項に気づかなかった点については、消費者契約ではともかく、ビジネス社会ではその正当性を主張するのは難しいように思われます。

　他方、B氏、C氏の主張は、若干A氏の主張より取りあげる余地があるかも知れません。確かに、件の女性が家庭円満な既婚者であることがわかっていれば、男性諸君は、合コンへの参加は拒絶しないまでも、女性陣に対してワンランク上のコース料理やワインやシャンパンのボトルを開けて大盤振る舞いはなかったかもしれません。おそらく出費はかなり少なくて済んだはずです。円満な家庭がありながら「人数合わせ」とはいえ、合コンに参加して男性諸君を惑わせたこの女性の言動に、全く問題がなかったといえるでしょうか。

　かたや、女性側の「左手の薬指に指輪をしているのだから、当然既婚者かどうか気づくべきだったでしょ。」という主張はどうでしょうか。左手の薬指の指輪の意味するところは常識的には明らかであり、女性に何らかの期待があれば、既婚者であっても指輪を外して来るのではないでしょうか（男性である私には複雑なる女心は計り知れないところがありますが…）。単なる人数合わせで参加したのでは

ないかという事実確認は容易だったようにも思われます。そうすると、「期待に胸を膨らませて」大きな出費をした男性陣はいずれも大きな過失がありそうです。重過失があるといえるかもしれません。

　出会いを求めて虚々実々の駆け引きをしているのは、何も男女の関係だけではありません。ビジネスでは、「左手の薬指の指輪をしながら、合コンに参加してくる」ことに類する例など枚挙にいとまがありません。一方で免責条項を契約書に入れながら、これと相反するような期待を相手方に持たせた場合に、裁判所が法律上の責任を認めるかどうかは、必ずしも明らかではありません。免責条項が契約書に入っていれば大丈夫と太鼓判を押すことはできないことは確かです。

リスクがいっぱい!? 補償条項の留意点

　補償条項とは、契約の一方当事者が相手方当事者等に生じた損失を補償することを定める下記のような条項です。補償の要件として補償する側の故意過失などの帰責事由は必ずしも必要とされません。補償条項の書き方によっては相手方から色々な損害や費用の請求を一方的に受けるおそれがあるので注意が必要です。

Article 6. Indemnification
Seller shall indemnify and hold harmless Buyer and its affiliates, directors, officers and employees at all times from and against all losses, damages, penalties, disbursements, costs and expenses (including without limitation attorney's fee and expenses), whether known or unknown, foreseen or unforeseen or ordinary or extraordinary, incurred by Buyer and its affiliates, directors, officers and employees arising out of or in connection with the Products.

第6条　補償
売主は、本件製品から、またはこれに関連して買主、その関連会社、取締役、役員および 従業員

> が負担したあらゆる損失、損害賠償金、罰金、支出、費用および経費（弁護士費用および経費を含むがこれに限定されない）について、その認識の有無、予見可能性の有無または通常性の有無に関わらず、買主、その関連会社、取締役、役員および従業員を補償し、免責させるものとする。

ゆい　私、女の友情って信じられません！

部長　君の仕事に対する情熱も信じられない！　お得なツアーがあるからって、突然1週間も有給取るなんて、一体君は仕事をどう…

ゆい　そのツアーなんです。お得どころかパンフレットと全く違う内容でヒドいのなんのって。

部長　ハッハッハ。バチが当たったんだよ。

ゆい　意地悪な部長に鍛えられたこの交渉力を活かして、旅行会社から代金をいくらかでも返金してもらおうと思ったのに。私が交渉に行く前に、一緒に旅行した友達が何の相談もなく私の分までその旅行会社のツアー代金の割引券で手を打ってたんです！　私は二度とあんな旅行会社を利用したくのないのに…。

部長　友達は君も了解してくれると思ったんだろう？

ゆい　違いますよ！　その旅行会社のイケメン営業マンとちゃっかり食事に行ってるんですよ⁉

部長　それは君、いい経験をした。それこそが今の君

が考えるべき課題だ。

ゆい　またしても意味わかんないんですけど。

部長　この規定の問題点はわかるかい？

ゆい　これと今の話と一体どういう関係が…。"indemnify"は「補償する」ですよね？　何となく、買主やその関連する者が商品に関して損害を被った場合に売主が賠償するという意味のような気がしますけど。"hold harmless"はどういう意味ですか？

部長　米国でメジャーな法律用語辞書のBlack's Law Dictionaryによると、"hold harmless"は、①取引から生じる損失またはその他の損害の責任を引き受けること、②indemnify（補償する）という意味で、実質"indemnify"と同じ意味だよ。だが、実務上ほとんどすべての契約書では"hold harmless"と"indemnify"は、セットで使われている。この条項はいろんな点で問題だが、わかるかい？

ゆい　関連会社や、従業員の被った損害まで補償するというのは広すぎません？

部長　商品に瑕疵がある場合に、売主は、warranty（保証）条項違反により損害を賠償する必要がある。それはあくまでも契約当事者である買主自身の損害だね。関連会社や従業員は契約当事者ではないから、保証条項の違反があっても、その損害まで賠償する契約上の義務はない。そのような責任を負わされるのは一方的

だ。

ゆい　また、"all losses ... arising out of or in connection with the Goods（商品から生じ、またはこれに関連して負担した損害）"と書かれていて、責任原因が問われていませんね。商品に問題がなかった場合でも責任を負うということですか？

売主の責任はどこまで問われるのか？

部長　実はこれが大きな問題の一つだ。例えば、化粧品の一部原料に毒性があることが判明して、買主の国の法律でその原料の使用が禁止され、買主がこの化粧品を回収したとしよう。その原料を供給した売主は、この回収費用について責任を負わされると思うかい？

ゆい　売主にそこまで責任はないと思います。

部長　もし、売主がwarranty（保証）の内容として原料がある物理的や化学的特性があることだけを仕様書の内容として保証している場合は、warranty（保証）違反の責任はないだろう。売主が仕様書に適合した商品を供給したことは間違いないからね。しかし、このような補償条項がある場合はどうだい？　後で原料に毒性が判明して回収した結果、買主が損害を被ったことが"all losses ... arising out of or in connection with the Products（本件製品から生じ、またはこれに関連して負担した損害）"に該当しないといいきれるか

い？

　このように補償条項で責任を負わされる範囲は、warranty（保証）違反が問われる場合より、広くなる可能性がある。せっかく売主としてはwarranty（保証）の文言を限定することによって責任を限定する交渉をしたと思っても、こちらの補償の規定の方で責任を負わされる可能性がある。

　例えば、次のような補償条項についてどう思う？

> If any claim is made to Buyer by a third party alleging that the Goods are infringing upon any intellectual property, such as patent, trademark and copyright, right to privacy or other right of any third party, Seller, at its own cost, shall indemnify and hold harmless Buyer from any loss incurred in connection with such claim by the third party.

ゆい　こちらは、売主の商品が、第三者の知的所有権に違反されている場合に責任が限定されていますね。
部長　そうかな？　よく読んでごらん。"any intellectual property, such as patent, trademark and copyright, right to privacy or other right of any third party" と書いてあるだろう。翻訳すると「第三者から、商品が第三者の特許、商標および著作権等の知的所有権、プラ

イバシー権またはその他の権利を侵害している旨のクレームがなされた場合、売主は、自己の費用により、当該第三者の当該クレームに関して負担した損失を補償し、免責させるものとする」となる。だから必ずしも、第三者のクレームが知的所有権の違反に基づくものに限定されるとは限らないんだ。例えば、化粧品を使って肌が荒れたというようなクレームは知的所有権とは何の関係もないが、この規定の補償の対象にならないとも限らない。

ゆい 何だが、ズル〜イ。

部長 ズルくはないよ。契約書を巡る紛争なんてそんなもんだよ。争いになれば、それこそ両当事者とも血眼になって契約書の文言のあら探しをするものさ。まぁ、この規定は、補償請求を受ける場合が「第三者のクレーム」に関連するものに限定されるだけ、先の案よりましだよ。これであれば、誰のクレームもないのに、勝手に商品の販売を取りやめたというようなケースは少なくとも除外できる。

ゆい じゃあ、この条項は全部削除を求めましょうか？ 日本で普段使っている売買契約書にはこんな条項ないですし…。

部長 確かに、日本の通常の売買契約書にはない。しかし、国際取引では損失補償の規定はごく普通だよ。それと、全面的な削除をしても戻せといわれるだけだ

よ。そこで、この規定を売主の不利にならないように書き換えるのが法務部員のウデの見せどころだ。そこに君の経験が活きる。

ゆい 親友に裏切られた私の経験がどう活きるっていうんですか？

「補償」条項と「保証」条項

部長 そう結論を急ぐなよ。その前に再度確認だ。この補償条項の問題点は？

ゆい 補償の対象である損害が"all losses ... arising out of or in connection with the Goods（商品から生じ、またはこれに関連して負担した損害）"となっていて、責任原因が問われていない点が不利なことだと思います。

部長 その通り。じゃあ、どう修正する？

ゆい 商品の瑕疵から生じた損害に限定するのはどうでしょう。でもそうなると、warranty（保証）の条項との区別はどうなるのかしら？

部長 売主としては、warranty（保証）違反に対する救済は、瑕疵ある商品の取替えに限定し、損害賠償はしないことを主張すべきだといったよね。でも、補償条項の方で、瑕疵から生じた損害を補償するという規定を入れたら、結局、損害賠償を認めた結果となる。warranty（保証）の条項で主張したことと矛盾してし

まうね。

ゆい　やっぱり、補償の条項の全部の削除を求める以外に方法がないんじゃないですか。

部長　それでは買主は納得しないだろう。第三者のクレームは自社でコントロールできないからね。そこで、「商品の瑕疵から発生した損害は原則賠償しないが、第三者のクレームから発生した損害については例外とする」という妥協策を提案することが考えられる。

ゆい　具体的にはどういう文言になるんですか？

部長　例えば、売主は、"all losses ... arising out of or in connection with a third party's claim with respect to any defect in the Products（本件製品の何らかの瑕疵に関する第三者の請求から生じ、またはこれに関連して負担した損害)" を補償するというような文言だね。

ゆい　第三者に生じた損害の範囲については限定を求めなくてもいいのですか？

部長　それも重要な点だね。誰の損害でも、逸失利益など、間接損害については補償したくないね。間接損害の賠償については、Manhattan Cosmetics, Inc.自体も、自社の販売先である小売店や代理店との間の契約で、排除する規定を入れていることも多いと思われるから、当社がそのような制限を主張しても受け入れられる余地はあると思う。

ゆい それで、この規定と、私の旅行代金の話と一体どういう関係があるんですか？

部長 ハナシはこれからだよ。例えば、Manhattan Cosmetics, Inc.が、消費者から当社の茶の実オイルを使用した商品によって肌がかぶれたというクレームを受けて、不利な内容で和解した場合はどうかな？ あるいは、これによって、販売店から商品の返品の要求を受けて、これを受け入れた場合は？

買主が提示した補償条項に潜むリスクとは？

ゆい 当社の知らないところで、勝手に買主がそのような要求に応じて損害を受けても当然補償したくないですね。

部長 そこだよ、問題は。第三者は、商品を購入した一般消費者かもしれないし、取引先の販売店や小売店かもしれない。また、FDA（Food and Drug Administration〈米国食品医薬品局〉）のような規制当局かもしれない。しかし、要は、Manhattan Cosmetics, Inc.がこのような第三者との関係を重視するのか、当社との関係を重視するのかによって結果が変わってくる可能性があるということだ。買主は当社との関係より、消費者や、長年の取引先である販売店や、規制機関との関係を重視して不利な結果を甘受して、そのツケを当社に回してこないとも限らないだろう。君の場合も、

旅行会社のツアーにクレームをつけようとしたのに友達が営業マンと適当なところで妥協したことを怒ってるんだろう？

ゆい　違います！　彼女とは幼なじみで長い付き合いだからわかるけど、いつもはあんなヒドいツアーをする旅行会社の割引券で手を打つような、ものわかりのいい子じゃないんです。イケメン営業マンとの食事の約束で裏取引をしたに決まってるわ。だから怒っているんです！

部長　裏取引というのは、あくまで君の推測だろう。旅行会社の営業マンもそこまで露骨なことをするかな。おおかた、イケメンに対して友達の攻撃の手が鈍ったというのが実情じゃないかな。女性は誰しもイケメンには弱いからね。食事の誘いは、話がついた後じゃないかな。

　経緯はどうあれ、君が、そのような事態を避けたければ、その友達に勝手に話をつけないように前もってクギを刺した上で、一緒にその営業マンにガミガミいって、自分で話をつければよかったんだよ。そうなりゃ、君はもちろん、君の友達にも営業マンからのお誘いはなかっただろうね。

　この第三者のクレームに基づく補償についても同じだ。買主が第三者と勝手に話をつけないよう、あらかじめクギを刺した上で、自分が前に出て行って対応す

る。それが思わぬ損害を防ぐ最善の方策だよ。

ゆい　なるほど…じゃあ、契約条項としてはどのような文言を入れたらいいのかしら。

部長　補償をするという文言の後に、次のような但書を入れることだね。"provided that Buyer gives Seller prompt notice of any claim for which it is seeking indemnification, and allows Seller to control its defense and settlement of such claim（但し、買主が、当該請求について速やかに売主に通知すること、および売主に当該請求の防御および解決を支配することを認めることを条件とする）"

ゆい　まとめると次のような補償条項の対案をこちら側から提案するということですね。

Article 6. Indemnification
Seller shall indemnify and hold harmless Buyer from any claim made by a third party arising out of or in connection with any defect in the Goods, provided that Buyer gives Seller prompt notice of any claim for which it is seeking indemnification, and allows Seller to control its defense and settlement of such claim.　　In no event shall Seller be liable for any special, indirect, incidental, punitive or consequential damages of any kind, including but

not limited to, loss of profits, business interruption, loss of business opportunity, loss of use, or damages to business reputation, however caused and on any theory of liability, whether in an action for contract, strict liability or tort (including negligence) or otherwise, whether or not Seller has reason to know or has been advised of the possibility of such damage.

第6条　補償
売主は、商品の瑕疵から生じる、またはこれに関連する第三者のあらゆるクレームについて、買主を補償し、免責させるものとする。但し、買主が、当該請求について速やかに売主に通知すること、および売主に当該請求の防御および解決を支配することを認めることを条件とする。いかなる場合も、売主は、逸失利益、事業中断、事業機会の喪失、利用機会の喪失、買主の事業の信用に対する損傷を含め、発生原因または契約、無過失責任、不法行為（過失を含む）その他の責任の理論を問わず、また、売主が当該損害の可能性を認識し、または、これを告知されていたか否かを問わず、一切の特別、間接的、付随的、懲罰的または派生的損害の責任を負わない。

今回のポイント

1 国際取引の契約書では、契約に関連して一方当事者が被った損害を相手方が補償する内容の補償(Indemnification)条項が含まれることがあります。この種の規定は、補償をする当事者に過大な責任を負わせる内容になっている場合が多いので注意を要します。

2 契約の相手方から広範な補償条項を求められた場合、①責任原因、②損害の範囲について限定を求めるべきです。

3 補償条項の不当な適用を避けるために、補償する側は、補償をするまでのプロセスのコントロールを目的とする規定を求めるべきです。

コラム 契約における義務文言と条件文言

Seller shall defend, indemnify and hold harmless Buyer and its affiliates, directors, officers and employees from any claim made by a third party arising out of or in connection with any defect in the Goods.

売主は、本件商品の瑕疵からまたはそれに関し

て生じた第三者によるいかなる請求からも、買主、その関連会社、取締役、役員および従業員を防御し、補償し、免責させるものとする。

という補償条項の後に、次のような文章を入れた場合に、買主側が、第三者から提起されたクレームについて第三者と売主の知らない間に勝手に和解をして、その結果を売主に押しつけてくることを防ぐという売主の目的は完全に達成されるでしょうか？

Buyer shall give Seller prompt notice of any claim for which it is seeking indemnification and allow Seller to control its defense and settlement of such claim.

買主は、当該クレームについて速やかに売主に通知し、売主の当該クレームの防御および解決を支配することを認めるものとする。

実は、このような規定に違反して買主が第三者と勝手に和解をしても、その結果支払った和解金の支払いを売主に請求する権利が失われるとはいえません。なぜかというと、「買主が売主にクレームについて通知すること」は、単に、買主の「義務」であり、

買主が補償を求めるための「条件」だとは解釈されないからです。買主がその義務に違反しても、売主からその義務違反から生じた損害の賠償請求を求められるだけであり、補償請求権自体を失うことはないというわけです。アメリカの判例（Howard v. Federal Crop Insurance Corp., 540 F.2d 695）は、この点を判断しています。

タバコ農場を経営していた原告は、天候不順によるタバコの不作について被告会社の保険をかけていました。保険約款には次のような条項がありました。

> The tobacco stalks on any acreage of tobacco of types 11a, 11b, 12, 13 or 14 with respect to which a loss is claimed shall not be destroyed until the Corporation makes an inspection.
>
> 補償が求められる11a、11b、12、13 または14の種類のタバコ農園のタバコの茎は、（保険）会社が調査するまで廃棄してはならない。

原告は、長い雨天のためにタバコが不作だったとして、保険会社に保険請求をしましたが、保険会社が調査をする前に農園に鍬入れをしてしまったため、

タバコの茎は保存されていませんでした。このため、保険会社は、約款違反だとして保険金の請求に応じなかったため、原告が訴訟を提起した事件です。

この事件で裁判所は、一般に権利の失効は法の精神に反するものであり、"The provisions of a contract will not be construed as conditions precedent in the absence of language plainly requiring such construction.（契約書の文言は、明確にその旨述べていない限り、停止条件とは解釈されない）"との一般論を述べて、タバコの茎の保存義務の違反は、明確に条件であると規定されていないので、原告は保険金請求を失うことにはならないと判断しています。

この判例によると、"Buyer shall give Seller prompt notice of any claim for which it is seeking indemnification and allow Seller to control its defense and settlement of such claim."という条項を入れても、売主は、通知義務に違反した買主に対して、補償義務を失うという主張ができるかどうかは疑問だということになります。

では、売主としては事前の通知が補償義務発生の「条件」であることを明確にするためには、どういう文言を主張すれば最も安全でしょうか。この判例では、保険会社の別の条項には、"It shall be a condition precedent to the payment of any loss that ...（…は、あらゆる損失に対する支払いの停止条件とする）"という文言があり、これについて裁判所は条件であることは明確であると述べています。

　また、著者が参考にしている書物（A Manual of Style for Contract Drafting (Second Edition) Kenneth A. Adams）では、to不定詞を使うことが一番簡単な方法であると述べています。これによると、次の文言であれば、先ほどの第三者からクレームを受けたことを買主が売主に通知をすることは単なる義務ではなく、条件と解釈され、通知を怠った買主は補償請求権を失うということになります。

In order to be indemnified, Buyer must give Seller prompt notice of any claim for which it is seeking indemnification and must allow Seller to control its defense and settlement of such claim.

補償を受けるためには、買主は、当該クレームについて速やかに売主に通知し、売主の当該クレームの防御および解決を支配することを認めなければならない。

第3章

英文契約書によく出てくる一般条項（その1）

準拠法はどの国の法律？

　準拠法条項は、契約書がどの国の法律に基づいて解釈されるかについて定めた条項であり、国籍の違う当事者間で行われる国際取引の契約書にとって基本的な条項です。今回は準拠法条項について考えてみましょう。

ゆい　部長。先週営業部に配属された新入社員知ってます？　帰国子女でアメリカの会社でも働いていたからって、やたら「アメリカではこうだった」っていうらしいですよ。「郷に入れば郷に従え」ですよね⁉
部長　やれやれ、この間入社したばっかりでもう先輩面かい。そういう君は、この規定どう思う？

Article 7. Governing Law
This Agreement and all rights and obligations under this Agreement will be governed by and construed in accordance with the laws of New York, without regard to its conflict of laws principles.

第7条　準拠法
本契約ならびに本契約に基づく権利および義務は、抵触法に関する原則を考慮せずに、ニューヨーク

州の法律に支配され、これに従い解釈される。

ゆい　単に自分に都合のいい法律を主張している感じですね。

部長　仮に準拠法の定めがなく、当社の商品の瑕疵を理由にManhattan Cosmetics, Inc.から損害賠償請求の訴訟がなされた場合、どうなる？

ゆい　日本とアメリカの法律のどちらが適用されるかということですよね？　どっちになるんですか？

部長　もし、日本の裁判所に訴訟が提起された場合は、裁判所は日本の法律を適用する。といっても、日本の民商法を直ちに適用するという意味ではないよ。「法の適用に関する通則法」に従って、どこの国の法律が適用されるかを決定する。

ゆい　で、その「法の適用に関する通則法」によるとどうなるんですか？

部長　結論をいえば、実際に訴訟をやってみないとどこの法律が適用されるかはわからない。法の適用に関する通則法の8条1項は、準拠法の定めがない場合には、契約当時にその契約に最も密接に関連する地の法によると定めている。同条2項は、契約における特徴的給付をした当事者の常居所地の法律が最も密接に関連する地の法と推定されている。これによると、商品を供給した当社の所在地である日本の法律が準拠法に

なりそうだが、アメリカに商品を持ち込んだのは当社だ。「郷に入れば郷に従え」というが、相手方はさしずめ、"When you are in New York, do as the New Yorkers do." と反論して推定を覆し、ニューヨーク州法の適用を主張するんじゃないかい？　どの国の法律が適用されるかという問題は、そもそも、「最も密接に関連する地の法」というような不明確な基準で判断されることから、必ずしも一義的に答えが出る問題ではない。アメリカの裁判所で訴訟が提起された場合も、裁判所は、まず自国のルールによって適用される法律を決めるが、これも実際訴訟をやってみるまでどの法律が適用されるかはわからない。

ゆい　そんなに面倒なことになるんですかー。

部長　契約に準拠法の定めがないと、どこの国の法律を適用するかについて売主買主双方の弁護士が判例や学説を延々主張して、依頼者にとってあまり実益のない場合でも入り口論で時間と費用を浪費することになりかねない。このような事態を避けるために準拠法の定めを置くんだ。

ゆい　でも、当社の顧問弁護士はアメリカの法律なんて知らないですし、対応できませんよ。

準拠法＝自国法律が有利、とは限らない！

部長　確かに準拠法を相手国の法律にすることは一般

論としてリスクがある。ただ、日本の会社でもアメリカの法律を適用した方が有利な場合だって考えられる。

例えば、日本では継続的な供給契約の売主からの終了には、信義則上、合理的な理由や、合理的な期間の事前通知が必要とされており、裁判所は、期間の満了や中途解除に関する契約条項の効力をそのまま認めない場合がある。契約条項に従って契約を解約して商品の供給を拒絶したら、損害賠償責任を負う場合もある。アメリカの法律は、このような場合に契約書の規定の効力をそのまま認める傾向がある。だから、例えば独占的販売代理店を任命する場合などは準拠法を日本法にすることについてはよく考えた方がいい。今回のManhattan Cosmetics, Inc.との間の契約も商品の継続的な供給契約で、準拠法を日本法とすると、当社側に信義則上の解約制限などが適用されて厄介なことになるおそれもあるので、僕としてはニューヨーク州法を準拠法とすることでかまわないと思う。

それでも普通はただ単純に、自国の法律の方がいいと考えて、互いに譲らない場合もよくある。

ゆい そんな場合はどうなるんですか？

部長 準拠法は管轄裁判所をどこにするかという問題と併せて考慮する必要がある。例えば日本の裁判所を管轄裁判所として準拠法をニューヨーク州法にすることも可能だが、あまりおすすめできない。法律の適用

は裁判所の職責だけど、日本の裁判所はニューヨーク州の法律の詳細を知っているわけではないから、結局は、当事者がニューヨーク州の法律について事実上主張・立証しないといけない。その過程で結局ニューヨーク州の弁護士の意見書などを取得する必要があり、余計な手間や費用がかかってしまう。これを避けるために、準拠法と裁判所の管轄地を一致させた方がいい場合が多いと思う。結局、交渉力の強い方の当事者の国の法律と管轄になるだろうね。

ゆい なるほど。そうことなんですね。

　ところで、最後の"without regard to its conflict of laws principles"はどういう意味ですか？

部長 "conflict of laws principles"は「抵触法の原則」などと翻訳されている。国際間の法律関係について、どの国の法律が適用されるかに関するルールだよ。"without regard to"がついているから「ニューヨークの抵触法の原則は適用しない」という意味になるんだ。

ゆい 日本語でも意味がよくわからないですね。

部長 単に「ニューヨーク州の法律に従う」と書くとニューヨーク州の法律は、契約に関する実体法のほか、抵触法も含むニューヨーク州の法律秩序全体を含むことになるから、抵触法に「当該法律関係には、日本の実体法を適用する」という規定があったとする

と、結局日本の法律が適用されてしまうことになる。

ゆい 何だかヘリクツみたいな話ですね。じゃあ、当社が日本の民商法の規定によって判断したいと考える場合には、次のような修正案でいいのかしら。

> This Agreement and all rights and obligations under this Agreement will be governed by and construed in accordance with the laws of Japan, without regard to its conflict of laws principles.
>
> 本契約および本契約に基づくすべての権利および義務は、抵触法の原則を考慮せずに、日本法に準拠し、これに従い解釈される。

部長 売買契約に関しては、実はこの文章では、日本の民商法の規定が適用されることにはならない。
ゆい えぇー！　どうしてですか？

条約に要注意！

部長 国際取引を行う場合には、法律だけでなく条約についても検討を行う必要がある。日本では、条約は国内法に優先するとされているからね。例えば国際取引では相手国との間の租税条約などの検討が不可欠だよ。

ゆい　今回は税金問題が発生しますか？

部長　「例えば」、といっただろ。国際取引で検討すべき条約は、租税条約だけじゃない。ウィーン売買条約というのを知っているかい？

ゆい　どっかで聞いたような…

部長　正式名称は、国際物品売買契約に関する国際連合条約（United Nations Convention on Contracts for the International Sale of Goods〈略称はCISG〉）という。1980年に採択された条約だが、日本において発効したのは2009年8月1日。2014年1月現在で、81カ国が加盟している。

ゆい　この条約が、今回の契約に適用されるということですか？

部長　そうだ。この条約は、次の場合に適用されると規定している。

①営業所が異なる国に所在する当事者間の物品売買契約について

②(a)これらの国がいずれも締約国である場合、または

(b)国際私法の準則によれば締約国の法の適用が導かれる場合で、かつ

③適用を排除する合意がない場合

ゆい　今回の契約だと、当社が日本で、Manhattan Cosmetics, Inc.がアメリカに所在して、茶の実オイル

の売買契約だから、①の要件は満たしますね。

次に、もしアメリカが締約国ならば、日本も締約国だから、②(a)に該当しますね。

部長 アメリカも締約国だよ。主要国の中で、締約していない国はイギリスくらいじゃないかな。

ゆい ①②を満たすから、③の適用を排除する合意の有無で、適用されるかどうかが決まるということですね。

部長 そういうことだ。だからさっき君が作った案では、ウィーン売買条約の適用を排除する合意がないから、この条約が適用されることになる。

ゆい ②(b)はどういう場合を想定しているんですか？

部長 これは、締約国と非締約国の売買契約の場合で、当該法律関係に、締約国の法律が適用される場合、ウィーン売買条約も適用されることになるという規定だよ。日本は締約国だから、相手方が非締約国でも、日本法を準拠法にした場合などには、条約の適用の有無を検討しないといけないんだ。

ゆい この条約が適用されると、日本の民商法の規定は、適用の余地がなくなるんですか？

部長 実は、条約の内容は、売買から発生する法律関係のすべてを網羅したものではない。申込・承諾等に関する国際間の売買契約の成立や、履行義務や損害賠

97

償請求権等の売買における売主および買主の権利義務は定めているんだけど、条約には錯誤や詐欺などの契約の有効性に関する規定や所有権の移転時期についての定めはない。だから、仮にウィーン売買条約の適用を認めるとしても、やはり準拠法がどこの国かを定めておく必要がある。

ゆい　私、条約の内容をよく知らないんですけど、適用を排除した方がいいんですか？

部長　排除する例が多いが、実際に紛争が起こってみないとどっちに有利に働くかはわからないんだ。

　例えば、ウィーン売買条約の問題点の一つとしてよくいわれているのは、契約の解除ができる場合は重大な契約違反がある場合に限られることだが、これは、当社が解除したい立場になるか、解除を受ける立場になるかによって、有利にも不利にも働く可能性があるんだ。

ゆい　ほかには、どんな規定があるんですか？

部長　米国統一商法典と同じように、物品の適合性に関する黙示の保証に関する規定もある。

　あと、買主に検査義務を負わせ、さらに、物品の不適合を発見し、または発見すべきであったときから、合理的期間内に通知を行わない場合には、その不適合に基づく相手方への権利を失うという規定もある。

ゆい　検査や通知の点は、売主に有利ですよね。当社

としては、ウィーン売買条約の適用を排除しなくてもいい気もしますけど、排除する例が多いというのはどうしてですか？

国際取引の統一法であるウィーン売買条約 しかし実際の契約現場では…

部長　これは多分、リスクの予測可能性という点にあると思う。一番大きな問題点は、日本法や米国法に比べて、ウィーン売買条約に関する先例が少ないという点だね。

　先ほどの、解除が制限されるという点も、日本法だと、解除の可否はある程度判例から予測ができるけど、条約に従うと、どんな場合に解除できるかはっきりしない。

　今後、事例も増えてきてウィーン売買条約を適用した場合の結論が予測できるようになって、互いに自国の法律を準拠法とすることを譲らないような場合に、ウィーン売買条約を適用することによって、問題を解決するというような時代になるかもしれないね。しかし、現在の実情は世界中のほとんどの企業が契約で条約の規定を排除しているし、排除していない契約なんて見たことがないから、そんな時代が果たしてくるのかどうか…。

ゆい　少なくとも部長の生きている間はないですね。

部長 少なくとも私がこの会社にいる間に、君ももう少し使える部下になってほしいものだね。

ゆい 部長のしごきのおかげでこれでもずいぶん成長したと思いますよ。適用を排除するのはこんな感じですか。

Article 7. Governing Law

This Agreement and all rights and obligations under this Agreement will be governed by and construed in accordance with the laws of Japan, without regard to its conflict of laws principles. The application of the United Nations Convention on Contracts for the International Sale of Goods will be completely excluded.

第7条　準拠法

本契約ならびに本契約に基づく権利および義務は、抵触法に関する原則を考慮せずに、日本の法律に支配され、これに従い解釈される。国際物品売買契約に関する国際連合条約の適用は完全に排除する。

今回の ポイント

1 国際間の取引では紛争が生じた場合に、どこの国の法律が適用されるかを定める準拠法条項を置くことが不可欠です。準拠法条項がないと、どこの国の法律を適用するかが不明確となり、紛争が余計に紛糾します。

2 多くの場合、準拠法をどの当事者の国とするかは、当事者の力関係で決まることが多いですが、自国の法律が当該の法律関係に必ずしも有利であるとは限りません。

3 準拠法を管轄裁判所の地の法律と異なる定めをした場合には、法律内容の証明など紛争の解決に余計なコストが発生する可能性があります。

4 売買契約の準拠法の定め方によっては、ウィーン売買条約が適用となる場合があります。

5 ウィーン売買条約は、国際間の売買契約の成立と売買における売主および買主間の一定の権利義務を定めているにすぎず、その他の法律関係は、準拠法によって決定されます。

6 現在の契約実務では、ほとんどの場合ウィーン売買条約の適用を排除しています。現時点の状況からは、ウィーン売買条約の適用を排除する方が無難です。

紛争解決の方法を定めよう

紛争解決条項は、契約当事者間で紛争が生じた場合に、どのような方法で解決するかを定めた次のような条項です。国際間の紛争をどのような方法で解決するかについてはさまざまな考慮が必要となり、一筋縄ではいきません。

Article 8. Consent to Jurisdiction
The parties hereby submit to the exclusive jurisdiction of any federal or state court located within the State of New York over any dispute arising out of or relating to the Agreement.

第8条　管轄の合意
両当事者は、本契約から生じた、またはこれに関連するあらゆる紛争についてニューヨーク州内に所在するあらゆる連邦または州裁判所の専属的管轄に服する。

部長　運転免許証とかけて何と解く？
ゆい　いきなり何ですか!?　ウ〜ン、私なら「連休」と解きます。
部長　その心は？

ゆい どちらも「大型」があります！

部長 なかなかうまいが、私なら「裁判」と解くね。

ゆい その心は？

部長 どちらも「しっこう（失効・執行）」に要注意。

それこそが今回のテーマだ。さて、相手方から提示された紛争解決に関するこの条項をどう思う？

ゆい 本契約から生じるすべての紛争は、ニューヨークに所在する連邦または州の裁判所で解決しなければならないという規定ですね。何かあったらニューヨークに行けますし、これでもいいなぁ。

部長 そういう問題じゃないだろう。まったく。

ゆい では、日本の裁判管轄を提案しましょうか。

部長 どうしてそう思うんだい？

ゆい 外国で裁判をするなんて、ちょっと考えただけでも大変そうですよ。日本の裁判所での裁判は経験ありますけど、外国の裁判所での裁判なんて、経験も知識もないですからね。

部長 まぁ、それが多くの企業が日本を管轄地にしたい最大の理由だろうね。実際に、日本の企業が外国で裁判を行うことは、費用や時間の面で相当の負担になることは明らかだからね。

また、裁判制度は、国によって大きく異なっていて、必ずしも日本と同じ三審制を採用しているとは限らないし、訴訟の進め方や、認められる証拠の範囲も

変わってくる。

　国によっては、自国の当事者に有利な判決をするといったこともないわけではない。当たり前のことかもしれないけれど、その国の裁判制度が信頼できるものかどうかということは第一に考慮する必要がある。

ゆい　裁判官の汚職が問題になっている国があるというような話も聞いたことあります。ほかに考慮すべき点はありますか？

部長　管轄を考えるときには、強制執行の可能性を常に考えておかないといけない。

　仮に、Manhattan Cosmetics, Inc.が当社に対して代金を支払わないために、当社が日本の裁判所に訴訟を提起して勝訴判決を得たとしても、その判決がニューヨーク州で強制執行ができなければ、全く意味がなくなるだろう。当社が日本で得た勝訴判決で、ニューヨーク州で強制執行ができると思うかい？

ゆい　できないんですか？

部長　ニューヨーク州では日本の裁判所の判決が承認されるから、強制執行はできる。ただ、世界中のどこの国でもそうとは限らない。例えば中国などは、日本の裁判所の判決は承認されない。だから、日中間の取引で「紛争の解決について日本の裁判所の専属管轄とする」というような規定にすると日本の判決は中国で承認されず、他方中国でも訴訟ができないというよう

な厄介なことになりかねない。

日本での判決を外国で執行するには？

ゆい 実際に外国で日本の裁判所の勝訴判決を執行する場合、どのような方法によるのですか？

部長 国によって制度が異なるが、多くの国では外国判決の効力がそのまま認められるのではなく、裁判所で外国判決を承認する執行判決を求めないといけないんだ。日本でも同じような制度を採っており、民事執行法24条に基づき執行判決を求めることになる。同条では外国裁判所の判決が民事訴訟法に定める次の要件を満たしている場合には執行力を付与することができると定めている。

---

① 法令又は条約により外国裁判所の裁判権が認められること。
② 敗訴被告が訴訟の開始に必要な呼出し若しくは命令の送達を受けたこと又はこれを受けなかったが応訴したこと。
③ 判決の内容及び訴訟手続が日本における公の秩序又は善良の風俗に反しないこと。
④ 相互の保証があること。

(民事訴訟法118条1～4号)

---

④の「相互の保証があること」というのは、日本の裁判所の判決が相手国で承認される場合には、相手国の裁判所の判決の効力も認めようということだよ。

　だから、外国判決が日本で執行できるかどうかは、当該外国の法制度を調査しないとわからない。

ゆい　もし、日本の判決が外国で執行できなかったり、逆に外国の判決が日本で執行できなかった場合はどうなるんですか？

部長　その場合は、結局、強制執行をしようとする国で裁判をやり直す以外方法がないね。その場合には、裁判所は、外国の判決の内容を尊重するとは限らないから、全く逆の結論の判決になる可能性もある。

ゆい　裁判地を決める場合には、その判決が執行できるかどうかを事前に調査しないといけませんね。

部長　そうだね。強制執行の対象となる財産が相手方国にある場合には、日本で判決を取得しても、結局、相手方国の裁判所でその承認を求める手続きを別途行う必要があるなら、最初から相手方国の裁判所で裁判をした方が解決が早くなったり、費用が安く済む可能性もある。

ゆい　ほかに国際的な法律関係で裁判地を検討するときに考慮すべき点はありますか？

部長　例えば、一般に国際的な訴訟は弁護士費用などのコストが高額になる可能性が高いが、英国法系の国

や、ドイツなど裁判地の法律によって敗訴当事者が相手方の弁護士費用も負担しなければならないとされている国もあるから、これらの管轄地に合意する場合は、注意を要する。また、裁判は一般に現地の言語で行われるので、日本人にとってなじみのない言語だと、翻訳や通訳の必要性など内容を理解するだけで手間と費用がかかる。さらに、通常の売買契約などではあまり考える必要はないが、取引の内容や、法律、条約の規定によって、管轄地が専属管轄とされており、別の裁判所で訴訟が提起できない場合がある。

ゆい　そうなんですね。ところで、先ほどの中国の例のように、お互いに自国の判決が相手方国で執行できないという場合には、どうすればいいんですか？

部長　今までは、管轄地をどこにするかという点について、裁判手続を検討してきたが、実はもう一つ紛争解決手段がある。

裁判と比較した仲裁の特色とは？

ゆい　知ってます！　仲裁手続のことですよね。時代はADR（Alternative Dispute Resolution）ですから、裁判なんてもう古いですよ。部長と同じで。

部長　古くて悪かったな。ADRなんてわかったようなことをいうが、仲裁のどこがそんなにいいんだ？

ゆい　第一に、裁判では、当事者は裁判官を選択する

ことはできませんが、仲裁では、当事者が仲裁人を選択することが可能です。したがって仲裁では専門的な事項について、適切な判断が可能になるといわれています。

　第二に、裁判は原則公開されますが、仲裁手続は、非公開で行われます。

　第三に、裁判は、三審制で行われる国が多いですが、仲裁は1回の判断のみで、上訴の手続きはありません。

　第四に、外国の裁判所による判決の効力が認められるかどうかは、強制執行を行う国の法律により決まりますけど、仲裁手続は「外国仲裁判断の承認及び執行に関する条約」（いわゆる「ニューヨーク条約」）が定められていて、同条約上、加盟国は一定の条件の下に仲裁判断を自国内において拘束力のあるものとして承認することになっていて、仲裁判断の執行が可能になります。なんてったって裁判には時間とお金がかかりますからね。仲裁こそ最先端の紛争解決方法って感じじゃないですか？

部長　まあ、最先端の紛争解決かどうかは別にして制度の特色の説明としては君のいうことは間違ってはいないね。

　仲裁はそもそも民事上の紛争の解決を仲裁人という第三者に委ね、その判断に服するという当事者の仲裁

合意に基づいて行われる紛争解決手段のことで、日本国内で行われる仲裁は、仲裁法に基づいた手続きで行われ、仲裁人による仲裁判断は確定判決と同じ効力が認められることになっている。裁判は法律で定めた手続きだから当事者がそのやり方を勝手に変えることができないが、仲裁は当事者の合意に基づくものであるから、手続きに関する自由度が高いといえる。

　また、言語についても裁判手続は現地語で行われることになり、英語圏以外の国だと通訳や翻訳の労力も大きくなる。これに対し、仲裁だと手続きを行う言語も指定することができる。それと、陪審制が認められている国では、仲裁を選択することによって陪審裁判を排除することができる。

　このため、仲裁の方が手続きが中立的だといえるし、仲裁人をちゃんと決めておけば、公平な判断が期待できるという面はあるね。では今回のManhattan Cosmetics, Inc.との取引では、君は仲裁を選択すべきだと考えるんだね？

ゆい　もちろんですよ。こんな国際間の取引では仲裁に限ります！

国際取引のモメ事解決は仲裁に限る!?

部長　一審制か、三審制かという点では、一審制である仲裁が早期に解決ができていいということもいえる

けど、一方で三審制の裁判は慎重な判断を期待できるということもあるんじゃないかな。

仲裁人の選択についても、専門性を有した仲裁人を選択できるというメリットがある半面、仲裁人の質が一定ではないというデメリットもないわけじゃないね。

それと、あまりいわれていないけど、仲裁は仲裁機関に納付する手数料や仲裁人の報酬がかかる。これは一般に裁判所に納付する手数料に比べると高額だ。仲裁も結局代理人として弁護士を依頼することがほとんどだから、コストもそれなりにかかる場合があると思うよ。

また、あまり仲裁が盛んでない国もあるから、人によって手続きのやり方が違うというようなことがないわけじゃない。

ゆい えーっ⁉ そうなんですかぁ？ じゃあ結局、部長的にはどっちがお勧めなんですか？

部長 これはなかなか難しい問題だよ。仲裁を選択するにしても実はいろんなことを考慮する必要がある。

ゆい まず、どこの国で仲裁を行うかが問題になりますよね。相手方の国に行って手続きを行う負担を考えると、日本で行いたいです。こちらからの提案としては、仲裁手続にして、仲裁地は東京にしましょうか。

部長 まぁ、こちらの希望としてはそうなるし、最初

の対案としてはそれでいいかもしれないけれど、売買契約ではどうしても買主の方が交渉力が強くなるし、実際その条件で相手方が受諾するかは疑問もあるね。
ゆい　相手方が受諾しない場合はどうすればいいんですか？
部長　そこが法務部員のウデの見せ所でしょう。相手方が妥協できる範囲で、最大限当方に有利に導くのが仕事だよ。

　自国か相手方国のいずれかを選択する以外の方法としては、シンガポールといった第三国を指定する方法や、仲裁ごとに被告となる側の国で行うと定める方法もあるよ。これらは、公平の観点からの妥協案として主張してもおかしくない。

　仲裁については、仲裁地を定める以外でいくつか決めておいた方がいいことがあるんだけど、わかる？
ゆい　日本商事仲裁協会のウェブサイトに、条項案がいくつか載っていましたよ。
部長　相変わらず君は安易だな。条項案を参考にするにしても、何を踏まえてその条項案が作られているのかを検討することが必要だよ。

仲裁条項における留意点とは？

部長　例えば、仲裁条項に必須の事項は何だと思う？
ゆい　まず、仲裁地ですね。それから、どこの仲裁機

関が仲裁を行うかという点も必要でしょうね。

部長　主な仲裁機関としてどのようなものがあるか知っているかい？

ゆい　日本の日本商事仲裁協会、米国仲裁協会、シンガポール国際仲裁センター、香港国際仲裁センター等や、全世界的なものとして国際商業会議所（ICC）が行っている仲裁もあるようですね。

部長　よろしい。では、仲裁条項に仲裁機関の定めがない場合にはどうなると思う？

ゆい　そんな仲裁条項は無効でしょうから、裁判所で通常の訴訟ができると思います。

部長　そういうと思った。

ゆい　違うんですか？

部長　少なくとも日本の法律上は違うね。日本の仲裁法17条によると、当事者間に誰を仲裁人に選定するかについて合意できない場合には、仲裁法5条により、裁判所が選定することになる。大変珍しいことだが、僕が昔経験した案件では、仲裁条項に仲裁機関の定めがなかったことから、裁判所に仲裁人を選任してもらったことがある。

ゆい　へぇー。どんな事案だったんですか？

部長　アメリカにおける独占的販売代理店の解約を巡る事件でね。相手方はカナダの小さな会社だった。なぜか契約書に仲裁機関の定めがなくてね。おそらく、

急いで結んだ契約だったから、当事者双方とも見落としたのだろう。若干時間はかかったけど裁判所は仲裁人を選任してくれたよ。日本語と英語の間のコミュニケーションの正確性が争点となった事件なので、当方は日本語も英語もわかる日本の渉外弁護士を仲裁人に選任したかったのだが、裁判所は日本と北米の当事者間の紛争であることを考慮して、日本人もアメリカ人も仲裁人として選任せず、結局、日本に住んでいるドイツの外国法事務弁護士を仲裁人として選任したよ。ICCの仲裁規則に、原則として当事者と違う国籍の仲裁人を選任するという規定があるのを参考にしたようだ。具体的な仲裁の手続きは仲裁廷が適当と認める方法で実施することになるが、その仲裁人は、結局日本商事仲裁協会の手続きを準用するといっていたよ。ほかに、仲裁条項に定めておく必要があることはない？

ゆい あとは、仲裁人の人数くらいですかね。仲裁機関が決まれば、そこが規則を定めているので、それに従うことになるんでしょう？ 大体、日本商事仲裁協会の仲裁条項案も、それほど詳しい条項にはなっていませんよ。

部長 君のいうとおり仲裁規則が存在するので、手続きは基本的にそれに従うことにはなるが、それでもあらかじめ契約書に定めておいた方がいいこともある。

ゆい 例えばどんなことですか？

113

部長　仲裁の言語は定めた方がいいよ。日本商事仲裁協会の商事仲裁規則によると、仲裁の言語は当事者間に合意がない限り、仲裁廷が決定することになる。一方、外国の仲裁機関だと現地の言語で行うことになっている場合があり、外国語が仲裁の言語になって日本の当事者にとって不利なるおそれがある。

ゆい　なるほど。ほかにもありますか？

弁護士費用の負担・和解のチャンスの有無…仲裁機関によって異なる点とは

部長　あまり意識されていないようだけど、仲裁では敗訴当事者が相手方の弁護士費用を負担させられる場合がある。例えば、日本商事仲裁協会の仲裁規則の54条3項には、「仲裁廷は、仲裁判断書において、管理料金、仲裁人報償金および手続に必要な費用について、それらの合計額とその当事者間の負担割合を記載しなければならない。」と規定しているが、当事者の負担の対象となる「必要な費用」については、同規則72条に「当事者間に別段の合意がない限り、仲裁廷は、当事者が仲裁手続の遂行に要した代理人の報酬および費用の全部または一部を仲裁手続に必要な費用として<u>認めることができる</u>。」との規定がある。日本の裁判は、敗訴しても、相手方当事者の弁護士費用までは負担しないのが原則だが、仲裁となるとあらかじめ

合意をしておかないと敗訴当事者が相手方の弁護士費用も負担するおそれがある。さらにICCの仲裁規則37条1項では、「仲裁費用には法的費用が含まれるものとする。」という記載内容になっているので、より注意を要する［以上、下線部著者］。

ゆい なるほど、それぞれの仲裁規則によって微妙な違いがあるんですね。

部長 仲裁規則について注意すべき点はまだまだあるよ。日本商事仲裁協会の商事仲裁規則47条では、「当事者全員の書面または口頭による承諾がある場合には、仲裁廷は、和解を試みることができる。」と規定している。この規則は、判決前に一般に和解が試みられる日本の裁判所での訴訟実務に合致したものだが、別の仲裁機関で行われる仲裁手続においては、仲裁人が和解を主導してくれる保証はない。むしろ、仲裁と調停ないし和解は別個の手続きであり、和解を試みることが仲裁人の責務とされていない仲裁規則もある。この点を誤解して、日本の裁判実務と同じように審理が終わった後、「仲裁判断の前にどうせ仲裁人を交えて話し合いの機会がある」と思ってのんびりしていたら、いきなり不利な仲裁判断が下されてしまったというケースもあるから、いざ仲裁となったら和解のチャンスがあるのかどうかも確認しておく必要があるね。

ゆい わかりました。日本商事仲裁協会を仲裁機関に

指定して仲裁地を東京にする案を提示することにします。それと、負けても相手方の弁護士費用までは負担しないようにするには…え〜っと、どうしたらいいかしら。

部長 そうだな。こんな感じかな。

> Article 8. Arbitration
> All disputes, controversies or differences which may arise between the parties hereto, out of or in relation to or in connection with this Agreement shall be finally settled by arbitration in Tokyo, in accordance with the Commercial Arbitration Rules of The Japan Commercial Arbitration Association. Any arbitration expense shall be paid as fixed by the arbitral tribunal, except that each Party shall bear the cost of their respective attorney fees incurred for such arbitration. The Parties agree that, if it becomes necessary for a Party to enforce an arbitral award by legal action of any kind, the Party against which such legal action is taken shall pay all reasonable costs and expenses and attorneys' fees, including but not limited to any cost of additional litigation or arbitration incurred by the Party seeking to enforce the award.

第3章 英文契約書によく出てくる一般条項（その1）

第8条　仲裁
本契約から生じ、または本契約に関連する両当事者間のあらゆる紛争、論争または意見の相違は、東京で一般社団法人日本商事仲裁協会の商事仲裁規則に従って最終的に解決されるものとする。仲裁費用は、仲裁廷が決定する通りに支払われるものとする。但し、各当事者は、当該仲裁手続に負担した各自の弁護士費用を負担するものとする。両当事者は、一方当事者が仲裁判断を何らかの種類の法的手続によって執行することが必要となる場合には、当該法的手続の相手方とされる当事者が、あらゆる合理的な費用および経費ならびに弁護士費用（仲裁判断の執行を求める当事者が追加の訴訟または仲裁に負担した費用を含むが、これに限定されない）を支払うことに合意する。

今回のポイント

1 国際取引における裁判管轄地については、当該管轄裁判所の信頼性、判決の執行可能性、弁護士費用の負担、言語などさまざまな要因を考慮して決定する必要があります。
2 国際取引において、紛争解決手段として裁判手続のほかに仲裁手続があり、裁判と仲裁の

差異を考慮して、仲裁手続が採用されることも少なくありません。

3 仲裁地を定める方法としては、当事者国のいずれかを指定する方法のほかに、公平の観点から、第三国を指定する場合や被告側の国とする方法等が考えられます。

4 仲裁事項には、少なくとも仲裁地および仲裁機関を規定しておく必要があります。仲裁機関の指定がない場合には、仲裁人の選任に別個の手続きを要することとなり手続きが煩瑣(はんさ)となります。

5 仲裁規則によって、言語・弁護士費用の負担・和解の取扱いなどが異なってくるので注意が必要です。仲裁規則の内容を検討して、あらかじめ仲裁規則の規定の内容を排除する合意をすることが望まれる場合もあります。

完全合意条項の注意点

完全合意条項とは、契約締結時に存在した両当事者間の合意内容のすべてが契約書に完全に反映されていることを規定し、当事者が契約書に書かれていない合意内容の主張を許さないとする条項で、一般に次のような規定となっています。

> Article 9. Entire Agreement
> This Agreement, including the exhibits, which are incorporated in and form a part of this Agreement, contains the entire understanding of the parties with respect to the subject matter contained in this Agreement. This Agreement supersedes all prior agreements and understandings between the parties with respect to such subject matter.

ゆい　なんだかわかりにくい条項ですね。

部長　まずは、訳してみたまえ。

ゆい　直訳すると、「本契約に組み込まれ、本契約の一部となる添付書類を含め、本契約書は、本契約に含まれる対象事項に関する当事者の完全な理解を構成する。本契約は、本件対象事項に関する当事者間のすべての従前の合意および理解に代わる」。この「完全な

理解」というのが、よくわからないですね。

部長 この完全合意条項は、integration clauseやmerger clauseと呼ばれる場合もあるが、コモン・ローのParole Evidence Rule（口頭証拠排除原則）というルールに基づいているんだよ。

ゆい 口頭証拠排除原則って、何なんですか？

部長 「契約当事者が、完全なる合意として書面を作成した場合、契約時およびそれ以前の書面および口頭の合意は、契約条件を変更できない」というルールをいうんだ。つまり、「完全なる合意」としての契約書が存在する場合、その契約書の作成前に作成した書面で、契約書の記載と異なる合意の存在を主張したとしても、その主張は認められないんだ。

ゆい 実は、先日から気になっていることが…。

部長 どうしたんだい？

ゆい Manhattan Cosmetics, Inc.の件とは別に、営業から相談を受けたんですが、当社が、相手方とライセンス契約を結んで、特許の実施権の許諾を受けて、販売価格の0.6％の実施料を支払うことになったっていうんですよ。この料率に決めたのは、相手方からは0.6％の実施料がどこよりも一番低い料率だといわれた上、もし今後第三者との間で、当社より有利な条件でライセンス契約を締結した場合は、当社と相手方との間のライセンス料も、その条件に合わせて修正され

る（最恵待遇条項）といわれたらしくって。

部長 それで、「そこまでいうなら大丈夫」と思って契約書に書かなかったという話かい？

ゆい さすが部長。話が早いですね。でも…

部長 おいおい、でもじゃないだろう！　そもそも、本当にそんな最恵待遇条項の合意があったのかい？

ゆい この相手方からのメールにはちゃんと自動的にライセンス料を下げるつもりだと書いてありました。

部長 その契約書には完全合意条項があったのかい？

ゆい 実は、相手方からきた契約書にこれと同じような条項があったか曖昧で…いずれにしても、相手方は契約書にこの合意を記載するのを嫌がったんですね。でも、営業の担当者に聞くと、この内容の趣旨は、ちゃんと考慮するからといわれたらしいですよ。

部長 それで安心できる？　あと、それが契約の内容だと証明することはできるのかい？

ゆい 相手方のメールは証拠になりませんか？

部長 そもそも相手方の担当者にそんなことを決める権限があるかどうかわからないだろう。

ゆい そうはいっても、営業は「法務部は堅すぎる。営業の苦労もわからないで細かいところに難癖ばかりつける」っていってますよ。それで苦労して、「別途協議する。」とか、曖昧な記載方法で切り抜ける方法を苦心しているんですから。

部長 それは、古い日本的な考え方だ。今じゃ日本でも通用しないよ。契約書に書いてあることがすべてという前提で、細かく詰めて検討していくべきだ。

"日本式"の「当事者の協議による」は通用しない

ゆい 口頭証拠排除原則って、そもそも英米法の原則なんですよね。日本なら、裁判所も日本的な考え方で処理してくれるんじゃないんですか？

部長 甘いな。この事例と同じように、契約交渉の過程で協議していた最恵待遇条項の合意の存在が争われた裁判例があるんだが、完全合意条項の存在も理由の一つとして考慮し、最終の契約書に記載されていないことを根拠に、当該合意の存在を否定された（注）。日本でも完全合意条項の効力は認められているんだ。

　なお、現在の英米の判例では、裁判所は完全合意条項により当事者は契約書に書いていないことを絶対に主張できなくなるわけではなく、契約書は本契約に含まれる対象事項に関する当事者の完全な理解を記載したという推定（presumption）が働くという解釈をしている。日本でも最終的にはこのような解釈になると思うね。だからメールを根拠に別の合意の存在を主張することも全く不可能ではないが、完全合意条項の存在によって当社が不利になることは否定できない。営業担当者としては、ちゃんと交渉して契約書本体に盛

第3章　英文契約書によく出てくる一般条項（その1）

り込んでおくべきだったということだ。

ゆい　そうなんですか⁉　元は英米法の原則でも、日本の契約実務にも影響があるんですね。これは、営業の担当者にちゃんと伝えておかないと。でも…

部長　さっきから、でもでもといっているが、でもじゃないだろう。君は一体どう責任を取るつもりなんだ。

ゆい　部長、人の話を最後まで聞いてくださいよ！　まだ契約書に署名したとは一言もいっていませんよ！　どうも引っかかったんで、部長に相談するまで社長にあげるなって営業に釘をさして置いたんです。

部長　偉い！　君もなかなか法務部員らしい判断ができるようになった。

ゆい　そういうお褒めの言葉は口頭ではなく文書でお願いします。そろそろボーナスの査定時期ですから。

今回のポイント

■ 契約書に完全合意条項が存在する場合には、契約締結交渉の過程で、口頭や書面により相手方と合意していた事項があったとしても、その事項が最終の契約書に記載されていない限り、後日その合意の存在を主張することができなくなる可能性があるので、注意が必要です。

(注)東京地裁平成18年12月25日判例時報1964号106頁。

不可抗力って何を指すの？

不可抗力条項は、天災など当事者の合理的な支配を超える事由による債務の不履行について、履行責任を負担する当事者の契約上の責任を免責する条項です。どれも似たり寄ったりと思って読み飛ばしがちですが、注意して読まないと思わぬ落とし穴があります。

> Article 10. Force Majeure
> Neither party shall be liable for failure to perform contractual responsibilities due to causes beyond a party's reasonable control, including acts of God, governmental action, fires, floods, epidemics, quarantine restrictions, war, terrorism, riots.
>
> 第10条　不可抗力
> いずれの当事者も、天災、政府行為、火災、洪水、疫病、検疫、戦争、テロ、暴動を含め、当事者の合理的な支配を超えた事由による契約上の責任の不履行について責任を負わないものとする。

ゆい　この規定は、「債務不履行が、当事者が支配できる範囲を超える原因に基づく場合、当事者は責任を負わない」という規定ですよね。不可抗力の場合、責

任が発生しないのは当たり前なので、こんな規定なくてもいいと思うんですけど。

部長 必ずしもそうともいえないよ。日本法の場合、原則として、当事者に故意・過失がないと損害賠償責任は発生しないとされていて、君がいうとおり、この規定がなくても、不可抗力の場合責任は発生しないといえる。しかし伝統的な英米法の考えでは、債務不履行について当事者に故意・過失がなくとも、損害賠償責任が発生するとされているんだ。

そこで、英米法の国々の契約書では、不可抗力に関する条項を明記して、責任が発生しない旨を定めている例が多いというわけさ。

ゆい 最近、取引先からの日本語の契約書でも不可抗力事由を列挙しているものがありますけど、英米法に基づく契約の影響を受けているんですかね。でも不可抗力の規定ってどれも似たり寄ったりですよね。皆あまり真剣に見ていないんじゃないかしら。

部長 あの東日本大震災のときのことを忘れたのかい？　当社でも、原料が入手できなくなったり、放射能の影響で出荷できなかったり、いろいろ大変だっただろう。そのとき、日本中の会社の法務担当者が自社の契約書を慌ててチェックし直したはずだよ。

ゆい そうでしたね。でも、ほとんどの取引先は、お互い様ということで、うまく処理しましたよ。1社だ

け、放射能なんて契約書のどこに書いてあるんだとかいってきましたけどね。

部長 日本の会社同士であれば、さっきいったように故意過失が要件とされているから、問題が収まったと思うけど、相手が外国企業でも同じようになるかな？例えば、外国の会社から昨年の夏に提案された契約書には、これだけの不可抗力事由が書いてある。

(a) natural phenomenon which is not reasonably foreseeable in the area affected, including (i) earthquake, (ii) typhoon/hurricane, (iii) volcanic activity, (iv) tsunami and high wave (v) landslide/mud flows/mudslides/earth sinking/earth rising or shifting, (vi) rainstorm/snowstorm, (vii) flood, (viii) lightning, (ix) fire, (x) windstorm, (xi) explosion, and other acts of God;

(b) Nuclear contamination/nuclear facilities with risk of explosion, hazardous nuclear parts;

(c) War, terrorism, rebellion, sabotage, unrest, riots, vandalism, invasion, insurrection, acts of foreign enemy, mobilisation, harmful acts of persons acting on behalf of or under political organization, confiscation, embargo;

(d) Military or usurped power or martial law;

(e) Strike/labor dispute;

(f) Import and export control;

(g) Restrictions on the use of power and delays in or non-conforming deliveries by sub-suppliers;

(h) Government order and other compulsory measure/order of suspension by the Employer or third parties;

(i) Change of Laws (including the establishment or repeal of laws and regulations);

(j) Lack of power supply (including utility interconnection);

(k) Other natural or artificial conditions outside of the reasonable control of the Employer or the Contractor (collectively 'Force Majeure Events').

(a) 影響が生じた地域で合理的に予見不可能な自然現象で次のものを含む。(i) 地震、(ii) 台風またはハリケーン、(iii) 火山活動、(iv) 津波および高波、(v) 地滑り、泥流、土砂災害、地盤沈下、地盤起床または地殻変動、(vi) 暴風雨または暴風雪、(vii) 洪水、(viii) 落雷、(ix) 火災、(x) 暴風、(xi) 爆

発およびその他の天災
(b) 原子力汚染または爆発のおそれもしくは危険な原子力部品のある原子力施設
(c) 戦争、テロリズム、反乱、サボタージュ、動乱、暴動、破壊行為、侵略、内乱、外敵行為、戦争動員、政治団体のためのもしくは政治団体としての有害行為、押収または禁輸措置
(d) クーデターもしくは政権転覆または戒厳令
(e) ストライキまたは労働紛争
(f) 輸入および輸出規制
(g) 電力使用制限または下請供給者による供給遅滞もしくは不適合品供給
(h) 政府命令その他の強制措置または雇用主もしくは第三者による業務停止命令
(i) 法令変更（法規の制定または廃止を含む）
(j) 電力不足（電力施設接続の欠如を含む）
(k) 雇用主または受託者の合理的支配外のその他の自然または人為的状況（「不可抗力事由」と総称する）。

部長　震災の後だけあって、電力不足や放射能汚染まで入っているだろう。いずれにしても震災以降、ちゃんと検討しているところは、不可抗力の条項が細かく

なっている。でも何か問題はないかい？

どこまでが不可抗力？　自社に有利な条項を作るには

ゆい　ストライキや労働紛争が入っていますけど、これは本当に不可抗力といえるんでしょうか？

部長　そうだね。ただ、売主とすれば、ストライキを不可抗力として主張できた方がいいよね。

ゆい　なるほど。今回の場合、当社が売主ですから、ストライキも盛り込みたいですね。

部長　あとはどうだい？

ゆい　下請けの不履行も入っていますね。以前、当方が化粧品製造のために買った機械について、売主が「原材料の不足で下請業者から部品が上がってこない。下請業者の不履行だから不可抗力だ」って主張してきたことがありましたが、実際にこういうことを書いている契約書もあるんですね。

部長　不可抗力条項を検討する際には、列挙されている事由が、本当に不可抗力といえるかどうかという観点から検討してみるべきだね。もちろん自社に有利に働くか、不利に働くかという観点も含めてね。

ゆい　今まで、列挙されている事由が適切かどうかなんて考えたことがありませんでした。

部長　不可抗力条項は、企業のリスク管理としては重要な条項なんだ。それを認識してきちんと確認しない

とね。当社は製品を納入する側だから、今回の不可抗力の条項は大分ふくらませて書く必要があるよ。

ゆい　では、先週、急な大雨で通勤に使っている電車が止まってしまって、私が遅刻したのは、不可抗力で問題ないってことでOKですよね。

部長　まあ、そうだな。

ゆい　じゃあ先月、部長が遅くまで飲み会を解散しなかったから、翌朝私が寝坊して遅刻したというのも当然不可抗力ですよね。

部長　そんなわけないだろ。だいたい三次会に行こうといいだしたのは、君の方じゃないか！

今回のポイント

■ いわゆる不可抗力条項には、必ずしも相手方にとって不可抗力とはいえない事項が免責事由として列挙されている場合があります。列挙されている各事由について相手方の免責を認めるべき事由といえるかどうか慎重な検討が必要です。

第4章

英文契約書によく出てくる一般条項（その2）

なぜ分離・独立性条項が必要なのか

　分離・独立性条項とは、契約書中の条項の全部または一部が無効と判断されても、残りの条項は無効とならない旨を定めた条項です。以下は分離・独立性条項の例ですが、なぜこのような規定が必要になるのか考えてみましょう。

Article 11. Severability

If any provision of this Agreement or the application of any such provision is held invalid, illegal or unenforceable in any respect by a court of competent jurisdiction, such invalidity, illegality or unenforceability will not affect any other provision or the application of such provision. If possible, any invalid, illegal or unenforceable provision will be modified to reflect the parties' original intention.

第11条　分離性
本契約の何らかの規定または何らかの規定の適用が、管轄権を有する裁判所によって、無効、違法または執行不能と判断された場合でも、当該無効性、違法性または執行不能性は、本契約の他の規定に影響を与えない。可能な場合には、無効、違

> 法または執行不能な規定は、当事者の当初の意図を反映するように修正される。

ゆい 契約書を作成するってリスクをコントロールすることなんですよね。

部長 ほう、法務部員らしい発言ができるようになったじゃないか。私の友人の弁護士の話だが、欧米の企業と契約を締結するときにはお互いにとって考え得るだけの不都合な事態を想定するそうだ。その結果、契約締結に至らない場合も当然あるけど、契約締結後トラブルになるよりはよいと考えるらしい。

ゆい 勢いで結婚してスピード離婚するより、条件をじっくり検討して結婚するようなお見合いの方がいいということですかね？

　でも、いくらいろいろ想定するにしても、Severability条項だけは意味不明です！　これだけ注意深く作成する契約書に、無効とか違法になるような規定が存在するという前提自体、ナンセンスだと思います！

部長 確かに、当事者が意図的に、無効、違法となる規定は置くことはないだろうね。でも、仮に、準拠法を外国法とした場合、日本で有効と考えられる規定が、その外国においても有効とは限らない。

　例えば、損害賠償の範囲を制限する規定を置く場合は、日本で効力が認められる規定であっても、他の国

では違法と見られることもあるかもしれない。また、当事者の競業避止義務を規定したのだけど、実際には、法律上認められる期間を超えて競業避止義務を規定してしまっている場合もあるかもしれない。

　また、契約当時は有効であった規定も、その後の法改正等によって、無効となったり、執行不能と判断されたりする可能性もある。取引基本契約等のように継続的な契約の場合は、このような可能性も否定できないよ。

ゆい　なるほど。そういった場合においても、その条項が無効になるだけで、他の条項は有効のまま存続し続けるというのがこの条項の意味ですね。

部長　そうだね。米国での事例だけど、建築請負契約に関する紛争が、契約書に仲裁条項があるにもかかわらず、連邦地方裁判所に提起されたことがある。被告は、当然仲裁条項の存在を主張して、仲裁の実施を求めたんだが、原告は、無認可の建築業者による契約であるため、フロリダ州法に違反しており、仲裁条項を含む契約全体が執行不能になる旨の主張をした。

ゆい　裁判所は、どういう判断をしたんですか。

部長　連邦第11巡回区控訴裁判所では、「仲裁条項はそれが含まれている契約から分離可能である（arbitration clauses were separable from the contract in which they were included.）」と判断した最高裁の判例（注

1）を引用し、これを前提として、裁判所が「当事者が紛争を仲裁に委ねるという合意があったと認める場合には、仲裁条項を含む契約自体が執行可能か否かの判断は、仲裁において行われるべきである」という判断をして仲裁条項の有効性を認めた（注2）。

このように、契約書に分離・独立性条項を入れることによって、契約の一部が無効になっても、契約全体が無効にならないことをより明確にすることができる。

分離可能条項を単純に適用すると 不当な結果になることも

ゆい この条文の最後の「可能な場合…当事者の当初の意図を反映するように修正される。」という部分は、どういう趣旨ですか？

部長 例えば、雇用契約の中で、従業員は退職後3年間は競争相手の会社に勤務してはならないという競業禁止の合意をしたとしよう。ところがもし、3年間の競業禁止は法律上長すぎて無効であった場合、分離・独立性条項があれば、単に競業禁止の規定が無効になるだけであって、雇用契約自体は無効にならないという結果となることは明らかだと思われる。では、競業禁止の規定についてはどうなるかというと、「当事者の当初の意図を反映するように修正される」という規

定がある場合には、3年間は長すぎるとしても、当事者間でできるだけ長い期間の競業禁止を約束していることは確かなので、例えば2年間であれば法律上有効となる場合には、当事者は3年間ではなく、2年間の競業禁止の合意をしたというように条項が修正されるという救済を受けることが可能だ。したがって、雇用主の立場では、競業禁止の期間が長すぎて無効となるおそれがあると考える場合には、このような規定を入れておくことが望ましい。ただ、このように裁判所が契約条項を有効となるように修正することは当事者にとって思わぬ結果を招くことにもなりかねない。

ゆい　そうなんですか？

部長　例えば、品質保証をしないという条件で売買をしたが、当該国の法律で、品質保証の免責規定は無効とする強行法規があったとする。この場合、当事者間で商品を売買するという意図は明らかなので、売買契約は有効であって、その品質保証の免責規定だけを無効とする、すなわち売主は品質保証責任を負うというように修正されてしまうとどうだろう？　売主としては、当該国で品質保証責任を負うことはリスクが高いと判断していて「品質保証責任を負わされるのだったら、そもそも商品の売買はしなかった」という場合だってあり得る。

ゆい　確かに、基本的な条項が無効となった場合に、

その他の条項を活かして、契約を存続させることが適当でない場合も考えられますよね。

部長 こういった点を明確にするために、"unless modification of such provision or provisions would result in a material change.（当該条項の変更が、実質的な変更とならない限り）" といった文言を加えることも考えられるよ。

今回のポイント

1 分離・独立性条項は、契約中のある条項が無効あるいは違法等と判断された場合に、その他の条項は、有効なものとして契約が存続する旨を明らかにする条項です。契約書で課された義務が強行法規違反または公序良俗違反などの理由によって無効となるおそれがある場合の救済を図る規定でもあります。

2 分離・独立性条項は、無効あるいは違法と判断された条項を、単純に削除されるものとして扱うか、一定の修正を推定するのか等、若干のバリエーションが考えられます。事案に応じて使い分けることが必要です。

(注1) Prima Paint Corp. v. Flood & Conklin Manufacturing Co., 388 U.S.395（1967）
(注2) John B. Goodman Limited Partnership et al, v. THF Construction, Inc., 321 F.3d 1094（2003）

優先する言語を決めておこう

　言語条項は、契約書が複数の言語で作成された場合にどの言語が優先するかを定めた条項です。内容は簡単ですが、もう少し掘り下げて考えてみましょう。

Article 12. Language
This Agreement written in the English language shall be the original document and if there is any difference in nuance or inconsistency between this English language Agreement and any translation, this English language Agreement will prevail in any respect.

第12条　言語
英語版の本契約を原本とし、もし、英語版の本契約と翻訳にニュアンスの違いや不一致がある場合には、英語版の本契約があらゆる点において優先する。

ゆい　この規定って必要ですか？

部長　今回のManhattan Cosmetics, Inc.との契約交渉では、英語で交渉を行っているし、契約書も英語版しか作っていないからいらないだろうね。しかし外国企

業との契約の場合、複数の言語での契約が作成されること自体はそれほど珍しいことではないよ。以前僕が経験した中国での合弁契約では、当事者が、日本、アメリカ、中国の3カ国に分かれており、お互いが自分の国の言語で契約をすべきだと譲らなかった。

ゆい それでどうなったんですか？

部長 結局、こういう条項になったよ。

This Contract shall be written in a Chinese version, an English version and a Japanese version in four originals each. All languages shall be equally authentic. In the event of any discrepancy between the three aforementioned versions, the arbitrators shall determine which version most accurately records the Parties' intention.

本契約書は中国語、英語、日本語版をそれぞれ4部ずつ作成する。どの言語版も同等かつ真正の契約書とみなす。上記の3つの言語版で相違があるときは、仲裁人がどの言語版が最も正確に当事者の意図を表しているかを判断する。

ゆい こんな条項、意味があるんですか？ 争いになった場合に、どの言語に従って判断すべきか基準が

なく、かえって混乱しませんか？

部長 そのような懸念は確かにあるね。また、そもそも、このような条項を入れても、仲裁人が中国語、英語、日本語の3カ国語に通じていなければ結局、どれかの言語は無視されてしまうかもしれない。だからこそ通常の国際間の契約書では、どれか一つの言語を優先させるという規定になっていることが多いんだ。そして、どの言語を優先させるかについては、当然当事者間の力関係によって決定されるだろうね。しかし、当事者間の力関係が対等で、いずれも譲らない場合には、それぞれの言語を等しく正文とするということはありうる。例えば国際間の約束ごとである条約は、各国の言語を正文として作成されるのが通常だ。日米租税条約では「ひとしく正文である日本語及び英語により本書二通を作成した。」と書いてある。

ゆい 確かに両方の言語が正文としてあれば、お互い顔が立ちますよね。

部長 単なるメンツの問題じゃなくて、リスクヘッジの問題だよ。翻訳作業には誤訳がつきものだからね。

完璧な翻訳は難しい！

ゆい この前報告した別のアメリカ企業との契約交渉で、相手方の担当者がたまたま日系のアメリカ人だったんですけど、日本語ができるのなんの。難しい言葉

を私より知ってるんです。その担当者から「まず日本語で内容を決めてから、後で英訳しましょうか」という提案があって、お言葉に甘えてしまいました。

部長 取りあえず、相手方に英訳してもらうのはいいけれど、相手方に任せっぱなしはよくないな。最終的に日本語が英語に正確に翻訳されているかチェックする必要がある。

ゆい 確かに英文の契約書の日本語訳を読むと、違和感を感じるときがありますね。

部長 僕の商社時代の経験では、英語の契約書の翻訳でも、翻訳会社や、専門の法律事務所に依頼しても、なかなか完璧な翻訳にお目にかかったことはない。

ゆい それはどういう理由からですか？

部長 完璧な翻訳を作成するためには、
① 英語と日本語が文法上、正確に変換されていること
② 英語と日本語が、語義上、正確に変換されていること

が必要だ。契約書にそんなに難しい文法は出てこないが、語義についてはいくつかのハードルがある。一つ目のハードルは、契約書は特定の国の法制度の理解に基づき作成されているから、契約書の作成者が前提としている法制度について理解できないと正しい訳語に到達できないということだ。この部分は、法的な文書を専門にしていない一般の翻訳会社ではなかなか難し

いところだ。二つ目は、契約書が前提としている業界特有の専門用語がある場合だ。ITや海事などの専門分野では、その分野の専門用語が理解できないと、とんちんかんな翻訳になってしまう。この部分は逆に法律事務所では弱いところだね。三つ目は、これが一番難しいところだが、法的用語や、技術用語以前の一般の語彙力というか、言葉のセンスの問題がある。

　完璧な翻訳を作成するためにはこれら３つの要件が必要だ。英語と日本語の契約の場合には、翻訳者の水準もかなり上がってきているし、日本人でも一応読めるから翻訳の正確性はチェックすることが可能だと思う。しかし、これが中国語だとどうだい？

ゆい　日本語と中国語の両方ができて、法律や技術も理解できる人材となるとそう多くはないでしょうね。

部長　英語は、今や契約の言語としてはグローバルスタンダードになっている。日本も昨今は、どんどん海外展開しないとやっていけない状況だから、規模の小さな会社でも英語で契約をすることは珍しくなくなっている。しかし、中国ではまだその段階に達していない会社もあり、そのような企業と取引をする場合には、中国語で契約を締結することが求められる場合がある。しかし、実務での中国語の翻訳の質の現状を見ると、中国語を正文としてこれに全面的に依拠するのは、ちょっと怖いところがあるね。両方の言語を正文

第4章 英文契約書によく出てくる一般条項(その2)

としておけば、少なくとも中国語版は正確ではないとして争う余地はあるからリスクヘッジとなるね。

今回の ポイント

■ 英語や中国語など外国語を契約の正文とする場合には、誤訳の可能性を常に念頭におく必要があります。翻訳の正確性に疑問があるとき、日本語と外国語の両方を正文とすることも検討すべきです。

コラム 翻訳者泣かせの英文

本文では契約書には常に誤訳の可能性があることを指摘しましたが、次のような条文を見ればそのことがよくわかると思います。

> The SSI program pays benefits to people age 65 and older or blind or disabled people who have limited income and resources.

問題は、最後の"who have limited income and resources(所得および財産が制限された)"という語句は、その直前の"blind or disabled people(視覚またはその他の障害者)"だけを修飾しているのか、それより前の"people age 65 and older(65歳

143

以上の者)"も修飾しているのかです。

　前者の解釈によると、この英文の日本語訳は、「社会保障プログラムは、65歳以上の者、または所得および財産が制限された視覚その他の障害者に対して給付を支払う。」となります。

　では、後者の解釈ではどうでしょうか。素直に訳すと、「社会保障プログラムは、所得および財産が制限された65歳以上の者または視覚その他の障害者に対して給付を支払う。」となりそうですが、実は、今度はこの日本文自体が、「所得および財産が制限された」という語が、「65歳以上の者」だけを修飾するのか、それとも「視覚その他の障害者」も修飾するのか曖昧であるという問題が生じます。

　よって、後者の解釈に従った場合、誤解を招かないようにするためには、少しくどいですが、「社会保障プログラムは、所得および財産が制限された65歳以上の者または所得および財産が制限された視覚その他の障害者に対して給付を支払う。」というように「視覚その他の障害者」の前に、あらためて「所得および財産が制限された」という語を加えて訳す必要があります。

　多くの翻訳者は、社会保障制度の趣旨を勘案して、お年寄りであっても、お金持ちの人は社会保障の給付を受ける必要がないと考えて、後者の趣旨に

解釈すると思いますが、必ずしもそのような推量が可能な場合ばかりとも限りません。

実は、この文章（若干変えてありますが）は、Michigan Bar Journal（ミシガン州の弁護士会の会報）のPlain Languageというコラムで取りあげられているものです。

私はいつも、契約書でこのような文章に出会うと、もしかしたら、英語のネイティブスピーカーであれば、どちらかの解釈を自然にするのかなと悩んでいましたが、このコラムを読んで、どちらが正解かは文章だけではわからないということが再確認でき、少し安心しました。このような英文は、原文の意味を正確に把握するのが困難であるのと同時に、日本語の翻訳文の意味も明確にしなければならないという二重の課題があり、まさに翻訳者泣かせです。正しい対処の仕方は、合理的と思われる翻訳をした上で、原文の意味が曖昧であることを注記する以外ないと思います。

同コラムでは、この文章の趣旨を明確にするために、どのように英文を書きなおせばよいか読者から提案を募った結果が書かれており、なかなか興味深いものがあります。

ある人は次のように二つの文章にわける修正を提案しています。

> The SSI program pays benefit to people 65 and older. SSI also pays blind or disabled adults under 65 who have limited income and resources.

 この人は、その直前の "blind or disabled people（視覚またはその他の障害者）" だけを修飾すると解釈しています。また別の人は、同じ解釈を前提に、次のようなリスト化を提案しています。

> The SSI program pays benefit to:
> (1) people 65 and older; and
> (2) blind or disabled adults under 65 who have limited income and resources.

 また、別の人は、

> The SSI program pays benefits to people age 65 and older or to blind or disabled adults under 65 who have limited income and resources.

というように、前置詞toをblindの前に入れることで文章が明確になると指摘しています。

他方、次のようなリスト化による修正を提案した人もいました。

> The SSI program pays benefit to people who have limited income and resources, and are: (1) age 65 or older; (2) blind; or (3) disabled.

この修正を提案した人は、"who have limited income and resources（所得および財産が制限された）"という語句が、その直前の"blind or disabled people（視覚またはその他の障害者）"だけではなく、それより前の"people age 65 and older（65歳以上の者）"も修飾していると解釈していています。

同じ解釈をした別の人は、語句の位置を変えるとともに、"with limited income and resources"という別の表現を提案しています。

> The SSI program pays benefit to people with limited income and resources who are blind, disabled or over age 64.

さらに次のような、語順を入れ替えずに文章の中にダッシュを使用する修正の提案もあります。

147

> The SSI program pays benefits to people age 65 and older – or blind or disabled adults under 65 – who have limited income and resources.

　このように、①文章を分ける、②リスト化する、③前置詞を反復する、④語順を入れ替える、⑤ダッシュを使用する、⑥別の表現方法をする、などのさまざまな工夫をすることで英文の意味を明確にすることができることがおわかりだと思います。これらの方法は、英文だけではなく、日本語の文章を明確にするためにも使用することができると思います。

　このような修正のテクニックもさることながら、実は、元の文章の意味について、ネイティブスピーカーの法律実務家の解釈が分かれたということは興味深い点です。ましてや私たち英語を母国語としない者が英語の文章のドラフティングをする場合は、よほど注意をしないと、自分では気付かないうちにこのような不明確な文章を書いている可能性があると自戒しなければなりません。

権利非放棄条項の意義と機能

　当事者が契約上の権利を行使しないことは直ちに権利の放棄とはならない旨を規定した条項で、次のような条項を権利非放棄条項といいます。日本の契約書にはあまり規定されていませんが、英文契約書ではよく出てくる条項です。それでは権利非放棄条項の意義とその実際の機能について考えてみましょう。

Article 13. No Waiver Clause
The failure to exercise or enforce any right conferred upon any of the parties hereunder shall not be deemed to be a waiver of any such right, or shall not operate to bar the exercise or enforcement thereof on any other occasion.

第13条　権利非放棄条項
両当事者のうちの一方に付与された権利の行使または執行をしないことは、当該権利の放棄とみなされることはなく、また、当該権利の他の場合における行使または執行を禁止するものではない。

ゆい　この条項も、当たり前のことを規定しただけで、わざわざ規定する必要がないと思うんですよね。

部長　これは、一般的に、「権利非放棄条項」と呼ばれるものだね。例えば、当社が買主で、契約で定められた品質よりも少し劣る商品を売主が納品した場合に、初めてのことで品質も少し劣る程度だから、当社が商品の交換を求めず、損害賠償も請求しなかったとする。

　ところが、売主が翌月も同じように品質が劣るものを納入してきたとしよう。2回目なのでさすがに許せないと考え、当社が交換を求めた場合に、相手方が「先月と同じ品質だ」といって、受領を求めてきたらこれを拒否できると思うかい？

ゆい　契約と違う商品を納品してきたのだから、当然交換を求める権利もあるでしょうし、損害が発生すれば損害賠償も請求できると思います。

部長　相手方が、当社が前回の商品の納品を受領したことにより「納入すべき商品の品質について変更が行われた」との主張をしてきたり、「前回の納入の際にクレームをつけなかったのだから、今回も、前回と同等の品質でクレームをつけることは認められない」との主張をしてきたらどうする？

ゆい　そんなぁ！　前回は、初めてのことだから、大目に見てあげただけなのに、ずうずうしくないですか⁉

部長　もちろん、当社の言い分としてはそうなる。

ただ、その主張がいつも認められるとは限らない。そこで権利非放棄条項を定めて、ある権利を行使しなかったからといって、その権利を放棄したわけではないということを明確にしているんだ。

ゆい この条項がない場合は、1回でも、不履行を見逃したら、権利を放棄したことになるんですか？

部長 「禁反言の原則」というのを聞いたことはあるかい？

ゆい 大学時代に、民法の授業で習ったことがあるような…。

部長 日本だと、「信義誠実の原則」（民法1条2項）から派生する原則の一つとして考えられていて、自己の行為と矛盾する行為を行うことは認められないとする法理をいう。

ゆい 1回でも品質の劣る商品を受領することを承諾してしまうと、禁反言の原則により、同等の商品の受領を拒否できなくなるという結論になるのでしょうか。

部長 禁反言の原則は、一般的には、相手方が他方の当事者の行為を信頼して、その信頼を覆すことによって相手方に損害が生じるというような状況が必要だから、1回見逃しただけでは、受領が拒否できないということにはならないだろう。ただ、1回でも品質の違いを許容した場合に、相手方がそれにつけ込んだ主張

をしてくるというのは、十分にあり得ることだから、そのような主張を防ぐためにも、権利非放棄条項を定めておくことが安全だね。

権利非放棄条項を理由に
どんな場合も権利行使できる？

ゆい それでは、品質の劣る商品を何回も受領し続けていても、この条項がある限り、当社の権利行使は妨げられないんですか？

部長 この点については、最近、イギリスの高等裁判所で、権利非放棄条項がある場合の権利行使の可否が争われたケースがある（注）。

イギリスでの電話のプリペイドカードの販売事業に関する事件で、海外のプリペイドカードの発行会社とイギリス国内のプリペイドカードの販売代理店との間で販売代理契約の解除の有効性を巡って争われた事案だ。この契約では、海外のプリペイドカードの発行会社の親会社が、イギリス国内の販売代理店に対して契約開始時点に契約上の債務の保証状を出すことが契約の条件とされていたが、この保証状は契約期間開始から11カ月間提出されなかった。カード発行会社と販売代理店の間では、この保証状の不提出にもかかわらず、実際に販売取引が行われていたが、カード発行会社と販売代理店の間で別の事由による紛争が生じた。

そこで、販売代理店は、カード発行会社の親会社による保証状の不発行を理由に契約を解除したが、カード発行会社が「この契約の解除は無効であり、逆に契約の解除行為による販売活動の停止が債務不履行に該当する」として、損害賠償を求めた訴訟だよ。

ゆい 裁判所はどのように判断したのかしら。

部長 この契約の準拠法は英国法だったけど、さすがに高等裁判所の裁判官は、11カ月間も親会社の保証状の不提出を放置したという点を重視して、権利非放棄条項があるから、この保証状の不提出が契約解除の事由になるとはいわなかったね。保証状の要求をしないで放置したことは、契約解除権の放棄であり、この結果、販売代理店が契約解除権を行使したことは、逆に契約の否認となり、損害賠償責任を負うと判断された。ちなみに、この判決を読むと、どうもその販売代理店は、カード発行会社に対して契約解除の通知をする前に、ロンドンのある法律事務所に解除権の可否について意見を求めたようだ。意見の内容ははっきり書いていないが、もし、契約書に権利非放棄条項があるから解除権の行使が可能という意見だったとすれば、ちょっとどうかと思うね。契約書にどう書いてあるかよりもやっぱり常識の方が大事だよ。

今回のポイント

1 権利非放棄条項は、解除権や損害賠償請求権等の権利の不行使・行使の懈怠（け）が権利の放棄とみなされないようにするために規定されています。

2 権利非放棄条項があったとしても、これに頼ることなく、権利放棄を黙認する状況が続くことのないように注意しなければなりません。

3 権利不行使の状況が長期間継続した場合には、たとえ契約書に権利非放棄条項があったとしても、権利を放棄したとみられる場合があります。したがって、権利非放棄条項を信頼して権利行使をしたことが逆に契約違反とされる場合があるので注意を要します。

(注) Tele2 International Card Company SA and others v Post Office Limited [2009] EWCA Civ 9

第4章 英文契約書によく出てくる一般条項（その2）

情報の秘密保持を図る条項

　契約当事者間では商品など契約の目的物に付随してさまざまな情報が授受されることがありますが、このような情報の秘密保持の義務を定めた条項が秘密保持条項です。今回は契約書に秘密保持条項を入れる必要性、条項の具体的内容について考えてみましょう。

ゆい　Manhattan Cosmetics, Inc.との売買契約の検討もとうとう終わってしまいましたね。
部長　何のんきなこといってるんだ。大事な条項の検討が抜けていないか？
ゆい　相手方から提案された契約書に含まれている実質的な条項は全部検討したじゃないですかぁ。
部長　相手方の契約書案に含まれていない条項は？ 法務部員たるもの、単に相手が出してきた文章だけをどう直すか考えているだけじゃダメだろう。
ゆい　一体何が不足だとおっしゃるんですか？
部長　この売買契約書には守秘義務の条項がないね。
ゆい　確かにそうですね。でもウチは原料を売るだけなので特に必要ないと思いますが。
部長　そうかな？　例えば、当社がManhattan Cosmetics, Inc.に原料を売っている値段が他社に知れたらどうなる？　当社がコストをかけて原料を分析した資料に基

155

づく仕様書だって立派な秘密資料だ。また、これから取引が進んでいく中で、原料を改良したり、いろいろな情報が営業の方から伝わる可能性もある。

ゆい そういう情報って、商道徳上や不正競争防止法などの法律で保護されませんか？

部長 甘いね。契約書に書いていないことを裁判で救ってもらうのは簡単じゃない。例えば、東京地裁の判決（注）では次のようにいっている。

> 本件印刷機や説明書を引き渡すことに伴って、本件印刷機に含まれる何らかの秘密情報を開示したことは推認されるが、本件印刷機の売買契約にあたって、特定の秘密情報を秘密として保護すべきことを窺わせるに足りる交渉経緯、指示などはないので、本件において、売買契約に伴って当然に秘密保持契約を締結したと認めることはできない。（中略）一般に、売買の対象となる目的物に、売主のノウハウとして留保された秘密の技術情報が含まれている場合、売主がこれを買主に引き渡すと、その目的物に含まれている技術情報が漏洩されるおそれが生ずる。売主がこのような事態を回避するためには、目的物の引渡し等に先だって、包括的あるいは具体的に特定した技術情報を開示しないよう特約を締結することにより、買主

> に対して、その旨の義務を負担させることが必要であり、そのような特約を締結しない以上、売主は、買主がその目的物に含まれる技術情報を第三者に開示することを防ぐことはできない。

ゆい でもこの判例は、秘密保持契約といった書面がないと営業秘密として保護されないとまではいっていませんよね。

部長 そうだね。しかし、この判例がいうように、単に売買契約を締結したことで黙示的に情報の保護義務が発生するのではなく、「特定の秘密情報を秘密として保護すべきことを窺わせるに足りる交渉経緯、指示」の具体的な立証が必要になるということだ。しかも不正競争防止法によって企業情報を保護する場合には、当該情報が、不正競争防止法上の「営業秘密」として、秘密管理性、有用性および非公然性の要件を満たさなければならない。会社が秘密保持契約を締結すれば、当該情報が秘密として管理しているということがいえるから、不正競争防止法によって企業情報の保護を求めようとする場合にも、秘密保持契約を締結しておくことが有意義なんだ。

ゆい これは日本の判例ですけど、アメリカでは営業秘密の保護は、一般にどうなっているんですか？

「営業秘密の保護」に日米で違いがある?

部長 アメリカでは、営業秘密の保護に関する法律は、Uniform Trade Secret Actという法律があり、46の州で採択されている。この法律上のtrade secretの定義は以下のとおりだ。

> "Trade secret" means information, including a formula, pattern, compilation, program, device, method, technique, or process, that:
> (i) derives independent economic value, actual or potential, from not being generally known to, and not being readily ascertainable by proper means by, other persons who can obtain economic value from its disclosure or use, and
> (ii) is the subject of efforts that are reasonable under the circumstances to maintain its secrecy.

「営業秘密」は、製法、パターン、編集物、プログラム、装置、方法、技術または工程を含む情報で、
(i) その開示または利用から経済的価値を得ることができる他の者により一般的に知られることがなく、かつ、その者によって適正な方法

によって容易に確認できないことから独自の経済的価値を生じ、かつ、
(ii) その状況において、その秘密性を維持するための合理的努力の対象とされているもの、を意味する。

ゆい 要するに、Uniform Trade Secret Actでの営業秘密とは「秘密とされている経済的価値のある情報で、その秘密性を保持するために合理的な努力がなされているもの」ということですね。

部長 そのとおり。日本の不正競争防止法上の営業秘密の定義とは若干文言が異なるが、内容としてはさほど違いはない。Uniform Trade Secret Actの下では、営業秘密とされる情報を侵害した場合には、実損以上の損害賠償の回収や、弁護士費用の賠償など単なる契約違反に比べて、より手厚い保護が与えられる。この法律では、営業秘密として保護を受けるためには「秘密性を保持するための合理的努力」を必要としているが、秘密保持契約の存在がそのような合理的努力を行っていることの証拠となるんだ。

ゆい 最近、どんな会社と取引する場合でも、交渉前に、まず秘密保持契約を結ぶことを要求されますけど、それなりに意味があるんですね。

部長 このような実務が定着すると、極端な話、秘密

保持契約なしにやり取りされた情報は、他に公開されても構わないと推定されるかもしれないね。

ゆい　秘密保持契約の内容はどれも似たり寄ったりなので、今まであまり真剣に見ていませんでした。

部長　おいおい。そういうことでは困るよ。具体的にどういう条項を入れるべきか検討しようじゃないか。

「秘密情報」はどのように定義する？

ゆい　思いつくところではこんな感じですか？

The parties shall not disclose any technical or business information to any third parties without prior written consent of the other party.

両当事者は、相手方当事者の事前の書面による同意なく、いかなる技術または事業上の情報も第三者に開示してはならない。

部長　ほほう。秘密保持の対象となる情報について"any technical or business information"と記載されているけど、抽象的過ぎると思わないかい？

ゆい　そういうツッコミもあるんじゃないかと思って、実は別の秘密情報の定義も作ってあるんです。

第4章 英文契約書によく出てくる一般条項（その2）

> "Confidential Information" means any information, design, specification, idea, concept, plan, copy, formulae, drawing, process, procedure, prototype, product, meeting minutes, know-how, business organization or other confidential information, or anything related to the same, which is now or in the future disclosed by a party to the other party under this Agreement.
>
> 「秘密情報」とは、本契約上、一方当事者から相手方当事者に現在または将来開示される、あらゆる情報、デザイン、仕様、アイディア、コンセプト、プラン、コピー、製法、図面、工程、手続き、試作品、製品、会議議事録、ノウハウ、営業組織もしくはその他の秘密情報またはこれらに関連するものを意味する。

部長 定義はぐっと詳細になったが、この条項で秘密保持の対象となる情報が明確といえるかい？

ゆい 詳しく書けば明確になるってもんじゃないですよね。じゃあ、こんなところでいかがですか？

> As used in this Agreement, "Confidential Informa-

161

> tion" means any information marked as confidential or otherwise identified as confidential.
>
> 本契約において、「秘密情報」とは、「秘密」と表示されたもの、または秘密であることを特定されたものをいう。

ゆい 秘密保持の対象であることを明確にするため、「秘密」である旨を明記された情報を秘密保持の対象とするということだったら一番明確じゃないですか？
部長 確かに、このように限定すれば保護の対象は明確になるね。でも、この条項だと逆に"confidential"と書かれていないと保護されないということになるぞ。うちの営業が書類にいちいちそう書くかな？
ゆい それもそうですね。
部長 実際には、次のようにこの二つを組み合わせるのが穏当なところかな。

> "Confidential Information" means (a) any information marked as confidential or otherwise identified as confidential, or (b) any design, specification, idea, concept, plan, copy, formulae, drawing, process, procedure, prototype, product, meeting minutes, know-how, business organization or other

> confidential information, or anything related to the same, which is now or in the future disclosed by a party to the other party under this Agreement.
>
> 「秘密情報」とは、本契約上、一方当事者から相手方当事者に現在または将来開示される、(a)「秘密」と表示されるかまたは秘密であることを特定された情報、または、(b) あらゆるデザイン、仕様、アイディア、コンセプト、プラン、コピー、製法、図面、工程、手続き、試作品、製品、会議議事録、ノウハウ、営業組織もしくはその他の秘密情報またはこれらに関連するものを意味する。

部長 ところで、君の書いた条項によると、相手方が当社の秘密情報を第三者に開示することは制限されているが、相手方が自ら利用することは無限定にできそうだが…問題ないかい？

ゆい えっ。そんなことは認めてないですけど。

部長 そうかな？ 第三者に開示してはならないとしか規定してないように読めるが…。

ゆい 私にも今そう読めました…。

部長 そうヘコむな。実際、秘密保持契約の中に開示の禁止だけを書いて自己利用を禁止する旨の条項がな

いものをたまに見かけるんだ。注意しないとね。

ゆい 通常の契約では、契約目的外での使用をしてはならないと規定されていますよね。これを入れるとこんな感じですか。

> The parties shall neither disclose any Confidential Information of the other party to any third parties nor use it for any purposes other than the performance of this Agreement without prior written consent of the other party.
>
> 両当事者は、相手方当事者の事前の書面による同意なく、相手方の秘密情報を第三者に開示し、または、本契約の履行以外の目的に利用してはならない。

部長 だいぶ体裁が整ってきたけれど、秘密保持の条項としては半分のデキだね。ここからが重要だ。

ゆい これで半分ですか？

部長 例えば、Manhattan Cosmetics, Inc.が当社の茶の実オイルの新しい化粧品への利用方法を思いついて、当社にその利用方法に見合ったサンプルの要請があったとする。ところが、その利用方法が、当社が密かに長年独自に研究していた用途と全く同じだったら

どうなる？

ゆい　新しい化粧品への利用方法がManhattan Cosmetics, Inc.にとっての秘密情報になり得るから…もしかして、その利用方法を当社が使うことは、本契約の履行以外の目的で使うことになってしまうんですか？

部長　そうだ。このような秘密保持条項がある場合には、新しい用途を相手方から聞いた途端に、その研究成果は使えないということになりかねないだろう。当事者間で授受される情報を何でも秘密保持の対象とすればいいわけじゃない。秘密保持契約では、秘密保持の対象となる情報のほかに、秘密保持義務から除外する情報についても規定することが必要だよ。

「秘密情報」から除外すべき情報とは？

ゆい　秘密保持義務から除外すべき情報って、どんなものですか？

部長　まず、今の例のように、情報を入手した時点で、当社が既に保有していた情報は除外する必要がある。また、今の例と若干違う例だけど、Manhattan Cosmetics, Inc.が茶の実オイルの新しい化粧品への利用方法を思いついて、当社の営業担当者にその利用方法に見合ったサンプルを要請したとする。その後、当社の研究陣がそのような要請があったと知らずに、独

自に同じ利用方法を思いついた場合はどうだい？

ゆい 研究陣が営業担当者から情報を受けずに、独自に開発したのであれば、これも秘密保持の対象外とすべきだと思います。

部長 会社の組織が大きくなれば、ある従業員が取引先から何らかの情報を入手したとしても、別の従業員はそのような情報を全く知らないというようなことも珍しくはない。でも、秘密保持条項を入れた以上、従業員の善意悪意に関係なく、入手した情報の開示や自己使用について契約違反の主張を受けることになるからね。このようなリスクを避けるために、このような場合も秘密保持条項の対象から除外しておく必要がある。そのほかに一般的に秘密保持義務から除外されているものとして、①情報の入手時点ですでに公知の情報であった場合、②情報の入手時点では、公知とはいえないが、その後公知の情報となった場合が多い。

すでに公知となった事実まで使用ができないことになると、他社との競争上不利になりかねないからね。

具体的な条項としては例えば次のようになる。

The confidentiality obligations of this Agreement shall not apply with respect to any Confidential Information that:

(a) is or has already become part of the public domain at the time of disclosure, by publication or otherwise, except by breach of a provision of this Agreement; or

(b) can be established by written evidence to have already been in the lawful possession of the receiving party prior to the time of disclosure; or

(c) is received by the receiving party from a third party without similar restriction and without breach of this Agreement; or

(d) is developed independently without the use of any information disclosed by the disclosing party.

本契約の秘密保持義務は、下記の秘密情報には適用されない。

(a) 本契約の違反による場合を除き、公表その他により、公知となった、または開示の時点ですでに公知であるもの。

(b) 開示の時点前に受領当事者が合法的に保有していたことが書面の証拠により証明できるもの。

(c) 受領当事者が本契約の違反なく、第三者から同様の制限なく、受領するもの、または、

(d) 開示当事者が開示した情報を利用することな

く、独自に開発するもの。

ゆい 今回こそは完璧だと思っていたのに…。
部長 秘密保持条項を侮ってはいけないね。

今回のポイント

1. どのような契約関係であっても、相手方との間で重要な企業情報が授受されることが予想される場合には秘密保持条項を入れましょう。
2. 秘密保持条項で秘密保持の対象となる情報の定義に留意する必要があります。契約書によっては、「秘密」と表示された情報だけが保護の対象とされています。その場合には、授受する情報に「秘密」と表示することを忘れてはなりません。
3. 自社ですでに保有していた情報や、独自に開発をした情報と同じ情報について契約の相手方から受領した場合、秘密保持義務の対象とされないように、これらの情報は秘密保持義務から除外する旨の条項を入れておく必要があります。

(注)東京地判平成12年4月26日判例時報1716号118頁

第4章 英文契約書によく出てくる一般条項(その2)

通知条項は"単純"でも"重要"

　通知条項は、契約当事者間での通知の宛先、方法などを定めた条項です。単純な条項なのであまり深く検討されることはありませんが、いざという時に機能を発揮する実務的には大変重要な条項です。どれも同じように見えても、実際にはいくつかのバリエーションがあります。

ゆい　部長大変です！　Manhattan Cosmetics, Inc.から久しぶりに大量の注文が来たんで、営業が喜んで承諾の通知を出したら、なんとその後、先方がキャンセルの通知を送ってきたんです。何でも、商品のグレードを間違えて、1つグレードの高い商品を注文したっていうんですよ。下請先に商品の手配をしてしまった後なので、キャンセルされると大損害です！

部長　こちらが承諾の通知を出した後だったら、契約が成立しているから別に問題ないだろう。

ゆい　ところがですね。運の悪いことに、当社が契約していた通信会社のサーバーがたまたま故障していて、当社の承諾通知メールの配信が遅延したらしいんです。そのため、当社の承諾の通知が先方に着くより先に、先方のキャンセル通知メールが当社に届いちゃったんですよ。通信会社に損害賠償請求をしま

169

しょうか？

部長 おいおい、通信会社に損害賠償請求しても、免責条項を盾に取られて賠償に応じることができないといわれるのがオチだよ。それより、Manhattan Cosmetics, Inc.から損害を回収することを考えたまえ。まず、この場合法律上ではどうなる？

ゆい 民法97条は、「隔地者に対する意思表示は、その通知が相手方に到達した時からその効力を生ずる」と書いてあります。だから、当社の承諾の意思表示が相手方に到達するまで売買契約は成立しません。通信会社のサーバーの故障で、当社の承諾の意思表示が相手方に到達する前に相手方のキャンセルの通知が当社に到達したため、この場合は契約は成立しませんよ。

部長 やれやれ、理路整然と間違っているな。

ゆい どこがおかしいんですか⁉

民法97条の例外と米国 "mailbox rule"

部長 まず、Manhattan Cosmetics, Inc.との契約の準拠法は、ニューヨーク州法だ。だから、民法の規定を持ち出してくるのはおかしい。それに君の見解は、たとえこの契約の準拠法が日本法だとしても誤っている。民法97条は、「隔地者に対する意思表示は、その通知が相手方に到達した時からその効力を生ずる」と書いてあるが、これには重要な例外がある。民法526

第4章 英文契約書によく出てくる一般条項（その2）

条の第1項を読んでみたまえ。

ゆい なになに、「隔地者間の契約は、承諾の通知を発した時に成立する」…ということは、当社が承諾のメールを発信した時に売買契約が成立したわけですから、その後にManhattan Cosmetics, Inc.がキャンセルの通知を送ってきても一度成立した契約の効力は妨げられませんね。何だか光明が見えてきました。でも、これは日本法ですよね。ニューヨーク州法ではどうなっているのかしら。

部長 アメリカでは、この点は"mailbox rule"と呼ばれているルールがある。このルールによると、契約の承諾の意思表示は、期限内に発信された場合には到達しなくても有効であると解されている。米国の判例法を成文化した文書である"Restatement Second, Contracts"のセクション63は以下のとおり規定する。

---

§63　Time When Acceptance Takes Effect

Unless the offer provides otherwise,

(a) an acceptance made in a manner and by a medium invited by an offer is operative and completes the manifestation of mutual assent as soon as put out of the offeree's possession, without regard to whether it ever reaches the offeror; but

---

171

> (b) an acceptance under an option contract is not operative until received by the offeror.
>
> セクション63　承諾が効力を生ずる時点
> 申込みが別段の定めをしない限り、
> (a) 申込者が申し出た方法および手段によりなされた承諾は、申込者に到達したかどうかにかかわらず、承諾の意思表示が承諾者の占有を離れた時点で、直ちに有効になり相互の合意の表示を完成する。但し、
> (b) 予約に基づく承諾は、申込者が受領するまで効力を生じない。

承諾通知を送信した時点で契約成立となるか

部長　これによると、承諾の意思表示は、申込者に到達したかどうかにかかわらず、承諾の意思表示が承諾者の占有を離れた時点で、直ちに有効になるとされている。だから、米国法の下でも、当社がManhattan Cosmetics, Inc.の注文に対して、承諾のメールを発信した時点で、直ちに契約承諾の効力が発生し、売買契約が成立したとされる可能性が高いわけだ。

ゆい　さっそく営業に伝えなくっちゃ！

部長　喜ぶのはまだ早いぞ。Manhattan Cosmetics,

Inc.との間の契約書の方はどうなっている？

ゆい 申込みの承諾に関しては特に規定はないです。

部長 そうじゃなくって、通知に関する条項だよ。

ゆい 通知の条項は、こういう条項ですけど。普通の条項で特に問題はないと思いますが。

Article 14. Notice

Any notice to be given hereunder to any of the parties hereto shall be in writing and may be given by delivery, or sent by facsimile, and if postal services and deliveries are then operating, mailed by registered mail to such party at its address set out below or at such other address as such party may have designated by notice so given to the other parties hereto.

To the Seller, at
　Address:
　FAX:

To the Buyer, at
　Address:
　FAX:

Any notice shall be deemed to have been given, if delivered, on the date of delivery, or if sent by facsimile, on the business day next following the date of sending, or if mailed by registered mail as aforesaid, on the third business day following the date of the mailing if postal service and deliveries are then operating.

第14条　通知
本契約上両当事者の一方に対してなされるべき通知は書面によらなければならず、手交、ファクシミリ、または郵便およびその配達が機能している場合には、書留郵便により、下記に記載する住所地または当事者が相手方当事者に対して当該方法により指定した他の住所地において行うことができる。

売主宛
　住所:
　ファックス:

買主宛
　住所:
　ファックス:

> 通知は、手交の場合には、手交の日、ファクシミリ送信の場合には、送信の翌営業日、上記書留郵便の場合には、郵便およびその配達が機能している場合には、郵送後3営業日目の日になされたものとみなされる。

部長 なるほど。これなら戦えるかな。この通知条項は、今回の件との関係ではどんな点が問題になる？

ゆい 通知は書面でしなければならないとされていますが、まず、電子メールが書面といえるかがどうか問題となると思います。

部長 ニューヨーク州法上、電子メールも書面の一種であるとして、通知の有効性を主張することは可能だろうね。実際、裁判になった例で、電子メールが米国統一商法典の「書面性」を満たすと判断されたケースは多い（注）。

ゆい 次に、本契約条項では「手交、ファクシミリ、書留郵便」だけが規定されているので、それ以外の通信方法は許されるかどうかが問題ですね。これはほかの通信方法では無効になるとまではいえないような感じがします。

部長 君のいうとおり一般的には、契約書に記載された一定の通知方法が排他的である旨が記載されていない限り、他の合理的な通知方法も有効と解されてい

る。今回の場合は、相手方からのキャンセルの通知も電子メールによるものだから、当事者間において、電子メールでのやりとりは合理的な方法と判断されるだろうね。

例えば、この条項が、"shall be effective only if given by personal delivery or sent by facsimile or mailed by registered mail ..." と書かれていた場合には、契約書に記載された通知方法だけが有効とされ、契約書に記載のない電子メールによる通知は有効と解することはできない可能性があるだろうね。

「みなし送達」の規定

部長　本条項の後段はどんな規定になっている？

ゆい　「通知は、手交の場合当日、ファクシミリ送信の場合は、送信の翌営業日、書留郵便の場合、郵便サービスが機能している場合、郵送後3営業日目の日に送達したものとみなされる」とあります。これは実際に到達しなくてもそうみなされるという意味ですか？

部長　そのとおりだ。裁判所はこの種の規定を有効と解釈している。

ゆい　今回の場合、本契約には、電子メールによって送信した場合の通知の到達時点に関する規定がないため、法律の原則に従うということですね。

第4章 英文契約書によく出てくる一般条項（その2）

部長 そういうことだ。先ほどの"Restatement Second, Contracts"のセクション63(a)によれば、承諾の意思表示は、申込者に到達したかどうかにかかわらず、承諾の意思表示が承諾者の占有を離れた時点で、直ちに有効になる。

ゆい 結局、本契約の通知条項を考慮しても、当社の承諾の意思表示は発信の時点で有効となり、これは、Manhattan Cosmetics, Inc.のキャンセル（申込の撤回）の通知の到達より早かったわけですから、すでに契約が成立しているという結論は変わらないんですね。よかったわ。でも、相手方からすると受け取ってもいない承諾通知を当社から「送っている」といわれて契約が成立したとされるのは困るでしょうね。

部長 そこだよ。だから、君に最初に通知の規定がどうなっているのか、質問したわけさ。実は、僕はこのような「みなし送達」の規定は好ましくないと思っていたので、これまでは例えば、"All Notices shall be effective upon receipt by the party to which notice is given.（すべての通知は通知の相手方当事者が受領した時点で有効とする）"というような規定にして、できるだけ「みなし送達」の規定を排除するようにしてきたんだよ。どうもこの契約については君に任せて見落としていたらしい。しかし、今回のケースのように、当社が商品の注文を受ける立場だと、承諾の意思

表示を発信した時点で有効になるとする方がベターだね。契約書の検討の段階で君がそこまで検討したわけではないだろう。怪我の功名ってとこだな。

今回のポイント

1 隔地者に対する意思表示は、その通知が相手方に到達したときにその効力を生ずるのが原則ですが、契約の承諾の意思表示については日米両国とも発信主義を取っており、意思表示が発信された時点で効力を発生するとされています。
2 契約書に記載された一定の通知方法が排他的である旨が記載されていない限り、他の合理的な通知方法での通知も有効です。
3 契約書の通知の規定には、通知が実際に到達しなくても到達したものとみなす規定が置かれていることがあります。
4 通知が届かない場合でも通知が有効とされることによる通知受領者のリスクを排除するため、通知方法を制限したり、通知の効力発生を実際に通知が到達した時点と規定することも考えられます。

(注)例えば、Bazak Int'l Corp. v. Tarrant Apparel Group, 378 F. Supp.2d 377, 386 (S.D.N.Y.2005)

第5章

英文ライセンス契約書の重要条項

ライセンス許諾と権利の範囲

　技術ライセンス契約におけるライセンス許諾条項は、技術の所有者がライセンス権者に技術の利用を許諾する条件を規定した条項であり、最も重要な条項です。今回はライセンス許諾条項で定めるべき事項を考えてみましょう。

> Article X. Grant of License
> Licensor hereby grants Licensee an exclusive license that is conditional upon the terms set forth herein to use the proprietary information to manufacture, use and sell the Products.
>
> 第X条　ライセンスの付与
> ライセンサーは、ライセンシーに対し、本契約に規定する条件に従い、本製品の製造、使用および販売のために秘密情報を使用する独占的権利を付与する。

ゆい　部長、聞いてください！　自社の化粧品の原料として茶の実オイルを使用するため、わが社で使用している茶の実だけを売ってくれっていうオーストラリアのオーガニックコスメ会社が現れたんです。

部長　原料だけを購入したいということかい？

ゆい　そうなんです。購入したいのは茶の実だけなんですが、取引を拡大するために茶の実オイル製造のノウハウも教えてくれとほのめかしています。

部長　ほう。君はどう思う？

ゆい　わが社で使用している茶の実は契約農家とともに改良した高品質のもので、オイルにするまでのすべての工程がわが社の技術開発の血と汗と涙の結晶なんです！　それなのに、原料の茶の実だけを購入して労務費の安い現地でオイルを生産したいなんて、厚かましいにもほどがあります！

部長　君のいうとおり、単に原料だけを渡せば同じものができるというものではない。特許こそ取っていないが、茶の実オイル製造全般については当社の技術上のノウハウがある。当然タダでは渡せないよ。

ゆい　当社の技術を付与する代わりにライセンス料を取得するライセンス契約を結ぶ必要がありますね。

部長　そうだね。ライセンス契約ではどんな点を考慮しなければならないと思う？

ゆい　第一に、相手方に技術の独占的ライセンス（exclusive license）を付与するのか、非独占的ライセンス（non-exclusive license）を付与するのかという点だと思います。今回の場合には、相手方は独占的ライセンスを希望しているようですが、そうすると当社

は同じ技術を他社にライセンス許諾できなくなってしまいます。相手方の売上げが期待外れだった場合には、採算が合わないという問題があると思います。

部長 しかし、独占的なライセンスを付与して、他社にライセンス許諾ができなくなったとしても、当社自身が同じ製品を販売することは妨げられないのでは？

ゆい 実はそこがよくわからなくて…日本の特許法では、専用実施権（特許法77条）が設定された場合には、特許権者も含めて発明を実施できなくなるとされています。ですが、日本の特許法に基づく専用実施権ではない、いわゆる「独占的通常実施権」が設定された場合や、外国の特許権などの"exclusive license"が合意された場合にも、特許権者自身も権利を実施できなくなってしまうのかしら？

部長 このような場合には、特約をしない限り、特許権者自身が権利を実施することは妨げられないと解する見解もあるようだ。しかしむしろ、独占的通常実施権や"exclusive license"が付与された場合には、特許権者自身も実施できないと判断されると考えておくべきだろうね。例えば、独立行政法人工業所有権情報・研修館から刊行されている「知っておきたい特許契約の基礎知識」（注1）には、「<u>独占的（仮）通常実施権は、特許権者が自己実施権を留保した場合を除き、そのライセンシーしか実施することができませ</u>

ん。一方、非独占的（仮）通常実施権は、特許権者がそのライセンシーによる特許の実施を承認するだけで、特許権者が自ら実施することも他の複数のライセンシーに実施許諾することも何ら制限されるものではありません。」と記載されている［以上、下線部著者］。また、The United States Patent and Trademark Officeのウェブサイト（注2）でも下記のとおり書かれている。

> An exclusive license may be granted by the patent owner to a licensee. <u>The exclusive license prevents the patent owner (or any other party to whom the patent owner might wish to sell a license) from competing with the exclusive licensee, as to the geographic region, the length of time, and/or the field of use, set forth in the license agreement.</u>
>
> 特許権者から独占的ライセンスが付与される場合がある。独占的ライセンスは特許権者（または特許権者がライセンスを販売したいと希望する他の者）がライセンス契約に規定する地域、期間および使用の領域において独占的ライセンス権者と競争することを妨げることになる［以上、下線部著者］。

ライセンシーの権利の範囲は？

ゆい そうすると、特許権ではなく、ノウハウについて"exclusive license"を付与した場合にも、当社自身も製品をライセンス地域で販売できなくなってしまうと解釈される危険があるということでしょうか。

部長 そのとおりだね。まぁ法律的な観点を抜きにしても、実際、当社自身の製品をライセンス地域、つまり今回でいうとオーストラリア等に持ってきて販売したとしても、製造コストの安い現地製品と競合して競争力がないだろう。だから、独占的ライセンスは付与するが、当社も自ら販売できるという権利を留保してもあまり意味がないよね。当初から非独占的ライセンスにして、現地の別の第三者にライセンスできる余地を残す方がベターだね。ライセンスについて考慮すべき問題としてほかにどのような点がある？

ゆい サブライセンス、日本語でいうと「再実施権」の問題ですね。ライセンスをした相手方が他人に権利を再許諾するサブライセンス権を有するかどうか。

部長 例えば、当社が、ライセンスを付与したライセンシーが、第三者に製品の製造を委託するような場合は、どのように考える？

ゆい 日本の特許法では、専用実施権者は、特許権者の承諾を得た上で、他人に通常実施権を許諾できると

されています（同法77条4項）。この点を見ても、権利者の承諾がなければ、サブライセンスはできないのが原則だと思うので、製造委託も許されないと思います。

部長 ところがそうとは限らないんだ。実は、下請製造する権利は、英語では、"have-made rights" と呼ばれており、再実施権の許諾とは区別されている。例えば、米国の裁判所では、"the right to "make, use and sell" a product inherently includes the right to have it made（製品を製造、利用および販売する権利は、本質的に、have-made rightsを含んでいる）" と判断されている（注3）。

ゆい そうすると、ライセンシーが、サブライセンス権を有しない場合でも、第三者に対する製造委託は可能という場合があるんですね。

部長 そのとおり。だから、品質保持や秘密保持の観点から製造委託を認めない場合には、その旨を明示した規定を定めておくべきだろうね。ほかにライセンスの範囲として検討すべき点としてどんな点がある？

ゆい ライセンスが及ぶ地域ですね。

部長 確かに大抵のライセンス契約では、定義条項において、"Territory" として、使用許諾地域を定めて、その地域内においてのみ、ライセンスを認めている。先方は地域についてどんな希望を出しているのかな。

ゆい　日本を除くアジア太平洋地域とアメリカ合衆国について独占的権利を要求してきています。

部長　それで先方が出してきたライセンスの条項案がこれか。何か妙だな…

ゆい　えっ？　どこがですか？

部長　君、そもそも、ここに書いてある"Product"とは何だと思う？

ゆい　当然先方の化粧品のことでしょ？　そう書いていませんか？

部長　おいおい。この契約書の定義では、"Product"とは、"tea seed oil"のことになっているぞ。君は、「先方が自社の化粧品の原料として茶の実オイルを使用する」といっていたが、そうじゃないぞ。

「製品」の定義と権利の許諾範囲

ゆい　えーっ！　営業部は「先方はアジアとアメリカで当社の茶の実オイルを使用した化粧品を製造して独占販売する目的で当社と契約するといっていましたよ。…でも確かに"Product"が先方の化粧品ではなく、茶の実オイルを指すということであれば、この条文には、当社は先方が茶の実オイルを製造販売するために秘密情報を使用する権利を許諾すると書いてあることになりますね。

部長　先方に、契約目的に誤解がないかどうか確認す

る必要があるだろうが、うちの営業部の英語力は頼りないし、どう見ても先方の契約書案の方が間違っているとは思えない。契約書の案文を読む限り、先方は、茶の実オイルを生産して自社製品の原料として使用するだけでなく、茶の実オイルだけを他社にも販売するつもりだよ。ライセンス契約においては、製品の定義と照らし合わせて、権利の許諾範囲を注意深く確認しないととんでもない誤解を招くおそれがある。もし当社の茶の実オイルを先方の化粧品の原料として使用させることに限定してライセンスするのであれば、"Licensor hereby grants Licensee an exclusive license to use the proprietary information to manufacture the Product to be used for cosmetic products manufactured by Licensee（ライセンサーは、ライセンシーに対し、ライセンシーが製造する化粧品に使用する本製品を製造する目的で秘密情報を使用する独占的なライセンスを付与する）" というような記載にしなければならないはずだ。

ゆい 話が思いがけない方向に行っているような…。

部長 まさに思いがけない方向にいかないようにするのが、このような契約書をチェックする法務部員の使命だよ。先方の意図がこの契約書案の記載のとおりだとして、この内容はどう思うかね？

ゆい 当社としては、当社が直接販売している得意先

のManhattan Cosmetics, Inc.がある米国についてはさすがに"Territory"として独占権を認めるわけにはいきませんよね。でも考えようによっては、当社の海外展開はまだまだなので、この際、このオーストラリアの会社の方で茶の実オイルをどんどん生産して世界中で売ってくれればうちも営業の手間が省けるんじゃないでしょうか。先方もオーストラリア国内の独占権は欲しいところでしょうし、残りの日本を除くアジア太平洋地域と米国は非独占ということでどうでしょう？

部長 そんなに簡単にはいかないよ。そもそも、このオーストラリアのオーガニックコスメ会社にアジア太平洋地域全域において原料としての茶の実オイルの販売力がどれほどあるかどうかもわからないし、競合相手の化粧品会社には茶の実オイルを売らないかもしれない。また、下手に権利を与えると、後からもっと条件のよいライセンス希望者の話が出てきた場合に、先に付与した権利が障害になるということもある。市場で一番乗りになるか否かでは大きな違いがあるだろうから、ここはよく考えないといけないね。

予期しない権利の使用を防ぐ

ゆい ライセンス契約の権利許諾の範囲について、ほかにどのような考慮すべき点があるのでしょうか？
部長 先ほどの話にも関連するが、技術のライセンス

契約では、技術の使用の大きな目的は、対象製品の「製造、使用および販売」だけど、実際には、製造といっても化粧品のような特定した用途の製造の場合もあれば、用途を特定しない場合もある。例えば、当社の茶の実オイルを化粧品の材料に使用することを予定して製造技術をライセンスしたが、これが殺虫剤のような用途に転用された場合は当社の製品のイメージが損なわれることになるだろう。しかし、技術のライセンスにあたり、用途が茶の実オイルの製造としか書いていなければ、この茶の実オイルをいかなる用途に使用することもライセンシーの勝手だから、意図しない用途への転用を禁止することはできない。また、販売方法についても、店頭での販売と、インターネットなどの無店舗販売は質的に違うものといえるだろう。しかし、これも単に「販売」としか書いていなければ、ライセンスした製品のインターネット販売を防ぐことはできないだろう。ライセンスの目的を単純に対象製品の「製造、使用および販売」とするのではなく、対象製品の用途や販路などをもう少しきめ細かく記載することが必要だろうね。

今回のポイント

1 ライセンス許諾条項で考慮すべき事項は、許諾製品、地域、独占性の有無、サブライセン

スの可否などがあります。
2 ライセンシーに独占的ライセンスを付与した場合には、技術の所有者自らの権利の実施行為も制限されます。
3 ライセンシーは製品を自ら製造する他、下請製造させることもできます。ライセンシーが第三者に下請製造させることを認めたくない場合には、その旨を明記が必要です。
4 ライセンス契約においては、許諾製品等の定義と照らし合わせて、ライセンシーの権利範囲を注意深く確認する必要があります。
5 ライセンス許諾の際には、許諾製品の使用目的や販売方法等を限定することにより、当該権利を技術の所有者の予期しない方法でライセンシーに利用されないように工夫することが必要です。

(注1)「知っておきたい特許契約の基礎知識」(独立行政法人工業所有権情報・研修館)。
http://www.inpit.go.jp/blob/katsuyo/pdf/info/tebiki_1009.pdf
(注2) The United States Patent and Trademark Office
http://www.uspto.gov/web/offices/pac/mpep/s301.html
(注3) CoreBrace LLC v. Star Seismic LLC, 566 F.3d 1069 (Fed. Cir. 2009)

第5章 英文ライセンス契約書の重要条項

ロイヤルティーの設定

　ロイヤルティー条項は、ライセンス契約における技術の使用料の支払方法、算定基準等を規定する条項で次のようなものです。今回は技術の使用料の設定の仕方について考えてみましょう。

> Article X. Royalty
> Throughout the term of this Agreement, the LICENSEE shall pay to the LICENSOR a royalty of ● % of Licensee's net selling price for all Products the LICENSEE has sold.
>
> 第X条　ロイヤルティー
> 本契約の期間中、ライセンシーは、ライセンサーに対して、ライセンシーが販売した本製品全部の純販売価格の●%のロイヤルティーをライセンサーに支払うものとする。

ゆい　部長！　今後のトレンドとしてしばらくは円安基調でしょうか？　それとも円高に揺り戻しがあるでしょうか？
部長　外貨預金でも始めたのかい？　あるいはFXか外国債券にでも投資する気かい？

ゆい まさか！　私、財テクは定期預金だけって決めていますから。

部長 定期預金を財テクだといった人間は、君が初めてだよ。

ゆい それはどうも。私が気にしているのは例のオーストラリアのオーガニックコスメ会社のロイヤルティーの支払方法ですよ。オーストラリアドルって変動が激しいでしょう。円建てにして為替リスクを避けた方がいいのかなぁと思って。

部長 なるほど。では今回はロイヤルティーのもらい方について考えてみよう。まず、ロイヤルティーの設定の仕方にはどういう方法が考えられるかい？

ゆい 額については、大きく分けて、一定の料率を定めて販売高に応じて変動するやり方と、販売高にかかわらず一定額とする方法があると思います。また支払方法については、変動額の場合には、1年や四半期など一定期間ごとに清算をする必要があります。固定額とする場合には、全契約期間分を一括前払いするケースもあれば、一定期間ごとに支払いをするケースもあると思います。また、契約当初に契約金として一定金額が支払われる場合もあるんじゃないでしょうか。

部長 それで君はどの方法がいいと思うんだい？

ゆい そうですね、私は固定額にして全契約期間について前払いを受けるのがいいと思います。そうしたら

為替のことを考える必要もないし。それにそのオーストラリアの会社ってそんなに大きな会社でもないですよね？　もし、途中で相手方が倒産でもしたら元も子もありませんし、先にお金をもらっておいた方がいいですよ。

部長　でも固定額にすると、予想外にその商品が売れた場合には、販売額に応じたロイヤルティーにしとけばよかったと思う結果になることもあるぞ。

ゆい　そうですよねぇ。私も株を買ったことがあるんですけど、すぐに利食いしちゃって、後で後悔しました。

部長　なんだ、株もやってるんじゃないか。

ゆい　やってたんです。でも一度持っていた株が暴落したことがあってそれ以来やめました。だから相手方がつぶれたりして支払いがないというような事態は我慢がなりません。それに固定の場合、予想より販売が伸びなかったというときには、ライセンサーとしては、ラッキーということになるんですよね。

部長　そうだよ。ほかにもライセンサーにおいて、ライセンシーがどの程度販売を行ったかという実績を管理する必要はなくなるというメリットもあるね。

ゆい　そういえば、販売実績の金額をごまかしている会社って、結構あるって聞いたことがあります。そういうことを気にするのは、確かに面倒臭いですね。やっぱりロイヤルティーは固定額の一括払いでいきま

しょう！

部長　確かに君のいうことも一理ある。ただ、固定額とする場合は、どれくらいの金額が適当かという設定が難しいという根本的な問題があるね。相手方も固定額で一括前払いというのは、まず飲まないだろう。それに、そもそも君はわが社自慢の茶の実オイルの売れ行きに自信を持てないのかい？

ゆい　そんなことありませんよ。どこに持っていっても激売れ間違いなしです！

部長　では実績ベースのロイヤルティー条項も検討しようじゃないか。この場合、どのような点の検討が必要になると思う？

ゆい　実績として、どの数字を使うかということですか？

部長　そうだね。よくあるケースは、販売額を基準にすることだけど、この販売額も、販売金額そのものが基準となるのか、諸費用等を控除した純販売額を基準にするのかという点は、明確にしておかないとトラブルになる可能性がある。

ゆい　具体的には、どうすればよいのでしょうか？

ロイヤルティーを支払う基準と規定

部長　純販売額を基準にする場合は、一般的にNet Selling PriceやNet Sales Priceなどと訳されるけれど、

これだけでは内容が明確ではないから、定義規定を設けて、控除される費用の項目を明確にしておくことが重要だね。よくある例だと、税金、運送費、保険料等が、製品価格から控除されていることが多いね。

ゆい 販売額を基準にする他には、どんな方法があるんですか？

部長 販売個数を基準にするような場合もあるね。製品が1個売れるごとに●●ドル払うというようにね。

ゆい でも、販売額を基準にしても、販売数量を基準にしても、料率が適当であれば、結果としては、同じ程度のロイヤルティーの支払いになるんですよね。

部長 そうとはいえない。通常の製品の場合、競争によって販売価格が下がっていくのが通常だ。販売金額を基準にすると、値段の動きに合わせてロイヤルティーも減少することになる。これに対し、販売数量を基準にした場合には、製品価格が下がってもロイヤルティーは一定額だ。だから、ライセンサーとしては、販売数量を基準にした方が有利だね。

逆にライセンシーとしては、1個当たりいくらという定め方は絶対しない方がよい。製品価格が競争にさらされて下がっていく中で、同じ金額のロイヤルティーを支払い続けることは負担となり、ますます自社の製品の価格競争力が低下することになる。そういうこともあって、一般的には、純販売額を基準にする

ことが多いね。

ゆい そのほかに、どんな規定が考えられますか？

部長 ロイヤルティーの最低金額（Minimum Royalty）を定めることが考えられるね。この規定は、販売額などが低くても、最低限、一定の金額を支払わないといけないとするものだよ。

ゆい この規定があれば、ライセンサーとしては、一定の金額を得られるわけですから、安心できますね。

部長 そうだね。ほかにも、ロイヤルティーの最低金額を定めることにより、ライセンシーの営業努力が期待できるという側面もあるね。

ゆい では、肝心のライセンスの料率は、どのように決めたらいいですか？

部長 それは、難しい問題だね。ロイヤルティーの料率に関する調査も行われていて、公表されているものもあるけど、業界や国によっても、ロイヤルティー料率というのは異なっているというのが実態だ。業界ごとの平均的な料率を基準に、最終的には、当事者の交渉によって決まるのが通常だよ。

ゆい 交渉なら任せてください！　わが社のために高いロイヤルティー料率を勝ち取ってきますよ！

第5章　英文ライセンス契約書の重要条項

今回のポイント

1 ロイヤルティーは、販売金額や販売個数等を基準に一定割合や一定金額を支払う変動額とする場合が多いです。これに加えて契約当初に一定額の契約金を支払ったり、期間ごとの最低ロイヤルティーを定める場合もあります。

2 純販売額を基準にする場合、純販売額の定義規定でその内容を明確にすることにより、ロイヤルティーの金額に争いが生じないようにしなければなりません。

3 一般に商品の1個当たりの価格は競争によって下がっていくのが通常なので、ライセンシー側としては、1個当たりいくらという固定金額のロイヤルティーを定めるべきではありません。

4 ロイヤルティーの料率については、どの程度の料率が適当かということを判断するのは難しいのですが、一般に公表されている統計等を参考に、適切と思われる料率を設定することが考えられます。

グラントバック条項とは？

　グラントバック条項とは、技術のライセンス契約において当初技術の供与を受けたライセンシーが当該技術について改良をした場合に、ライセンシーから当初技術の供与をしたライセンサーに対して改良技術を供与することを義務づける条項をいいます。このような条項の問題点と具体的な条項の内容について考えてみましょう。

ゆい　この前スマホのアプリを作る講習を受けたら、これがなかなか面白くていくつか作ってみたんです。
部長　ほう！　私もやってみようかな。
ゆい　超アナログな部長には無理ですね。一緒に講習を受けた友達は私が作ったアプリの改良版を作って、今や人気アプリのランキング入りですよ！　基本のアプリを作った私には何もご利益がないなんて…。
部長　まったく詰めが甘いな。しかもその経験が仕事に活かされていないとはどういうことだ。君が作ったオーストラリアのライセンシーに対するライセンス契約案にはグラントバック条項がないみたいだが。
ゆい　ブランドバッグ条項？
部長　grant-back条項！　当社がライセンスした技術を相手方が改良した場合についての規定だ。

ゆい　何でそんなものが必要になるんですか？

部長　相手方が当社の技術に基づいてよりよいものを開発したとする。当然顧客はそっちの方を欲しがるだろう。ところが、ライセンスをした当社がこの改良技術を利用できなければ、その間に相手方が当社の利権を荒らすのを指をくわえて見ているだけになる。

ゆい　それはマズいですね。では、契約書に相手方の改良技術は当社に無償で譲渡すると書きましょう。これで利権は全部当社のもの！　ウッフッフ。

部長　ところがそう簡単にはいかないんだ。今回のライセンス先であるオーストラリアの法律を検討する必要があるだろう。だがその前に、いい機会だから仮にライセンシーが日本の会社だった場合について考えてみよう。公正取引委員会が公表しているガイドライン（注1）には、次のように書いてあるぞ。

ア　ライセンサーがライセンシーに対し、ライセンシーが開発した改良技術について、ライセンサー又はライセンサーの指定する事業者にその権利を帰属させる義務、又はライセンサーに独占的ライセンスをする義務を課す行為は、技術市場又は製品市場におけるライセンサーの地位を強化し、また、ライセンシーに改良技術を利用させないことにより、ライセンシーの研究開

発意欲を損なうものであり、また、通常このような制限を課す合理的理由があるとは認められないので、原則として不公正な取引方法に該当する。

部長 要は日本じゃ独占禁止法に反するということだ。

ゆい じゃあ、ちょっと癪だけど相手方との共有にするということで手を打ちましょうか。

部長 これも、ガイドラインに記載がある。

イ ライセンシーが開発した改良技術に係る権利をライセンサーとの共有とする義務は、ライセンシーの研究開発意欲を損なう程度は、先ほどの**ア**の制限と比べて小さいが、ライセンシーが自らの改良・応用研究の成果を自由に利用・処分することを妨げるものであるので、公正競争阻害性を有する場合には、不公正な取引方法に該当する。

ゆい 常に違反になるわけではないけど、違反になる可能性があるということですね。

ガイドラインはライセンシーの肩を持ちすぎ！ ライセンサーはライセンスを守るためにどうすればいいんですか？

部長　ガイドラインにはこう書いてある。

> ライセンシーが開発した改良技術が、ライセンス技術なしには利用できないものである場合に、当該改良技術に係る権利を相応の対価でライセンサーに譲渡する義務を課す行為については、円滑な技術取引を促進する上で必要と認められる場合があり、また、ライセンシーの研究開発意欲を損なうとまでは認められないことから、一般に公正競争阻害性を有するものではない。

改良技術のライセンスを受けるポイント

ゆい　なるほど。契約書に「当社が望む場合には、相手方は相応の対価で当社に技術を譲渡する」と書けばいいんですね？

部長　最後まで人の話は聞くもんだ。こう書いてあるが実際機能しないといおうとしたんだ。考えてもみたまえ。「相応の対価」って、将来何が発生するかわからないものの対価なんて決められないだろう。将来の合意で決めるとしても、簡単に合意できるわけがないし、争いになったら裁判所じゃ決めようがない。

ゆい　譲渡も共有もダメなら、どうすれば…。

部長　それなら簡単だよ。改良技術のライセンスを受

201

ければいいんだ。ガイドラインには、「ライセンサーに『独占的』ライセンスをする義務を課す行為は…」と書いてあるが、ライセンサーに「非独占的に」ライセンスをする行為に問題があるとは書いていない。

ゆい でも、これは日本の場合ですよね。オーストラリアではどうなんですか？

部長 日本の公正取引委員会に相当するオーストラリア競争・消費者委員会（Australia Competition and Consumer Commission）が公表する"Application to the Trade Practice Act to Intellectual Property"というペーパーには次のように記載されている。

> Through the exploitation of a licence, a licensee may make further discoveries or inventions, or develop its own reputation in a logo or name associated with the product. The owner of the right licensed may wish to benefit from these discoveries or the reputation gained and require the licensee to license or assign the rights back to the owner. A 'licence back' of such discoveries or reputation would usually be pro-competitive, as it enables more people to utilise the discovery or name and therefore to compete (although a licence back may have the effect of discouraging the licensee from

engaging in further research and development). A requirement, though, that the licensee assign the discovery or reputation back to the owner of the rights licensed, or grant an exclusive licence back, may have an anti-competitive effect as it prevents the licensee from utilising the discovery or reputation. Furthermore, there would be an even greater disincentive to future research and development.

ライセンスの利用の過程で、ライセンシーは、別の発見をし、または製品に伴うロゴまたは名前に固有の評判を獲得する場合がある。ライセンスされた権利の所有者は、これらの発見や獲得された評判から利益を受けることを希望する場合がある。かかる発見または評判の「ライセンスバック」は、(ライセンスバックはライセンシーがさらなる研究開発を行う意欲を失わせる効果を有する場合があるものの) より多くの人が当該発見または名前を使用することを可能なものとするため、通常競争促進的である。しかしながら、ライセンシーが発見または評判をライセンスされた権利の所有者に譲渡すること、または、独占的ライセンスを付与することは、ライセンシーが当該発見または評判を使用することを妨げるため、競争

> 制限的効果を有することがある。さらに、将来の研究開発に対して、より意欲を妨げるものとなる。

ゆい なるほどね。改良技術をライセンサーに非独占的にライセンスする分には、改良技術を利用する者が増えるから競争が促進されることになって、独占禁止法上問題がないわけね。改良技術を譲渡したり、独占的にライセンスしてしまうと、ライセンシーが改良技術を使用できなくなる上、新たな技術の研究開発をしにくくしてしまうからよくないってことね。日本のガイドラインと全く同じことが書いてあるわ。

部長 米国やEUでも状況はほとんど同じだよ。

ゆい じゃあ、当社が改良技術を「非独占的に」ライセンスをするという方向の規定を設けましょう。

グラントバック条項の内容の考慮点

ゆい 部長！ 簡潔にして完璧な規定ができました！

> Article X. Grant Back Clause
> If during the term of this Agreement, the Licensee has made an improvement to the Technology, the Licensee shall grant to the Licensor a non-exclusive license to use such improvement for any purpose.

> 第X条　グラントバック条項
> 本契約の期間中に、ライセンシーが本技術の改良をした場合には、ライセンシーは、ライセンサーに対して、当該改良をあらゆる目的に使用する非独占的ライセンスを付与するものとする。

部長　簡潔ではあるが…これのどこが完璧なんだ？

ゆい　当社が非独占的ライセンスを受ける規定にすれば独占禁止法上問題が少ないということですから、当社がライセンスを受けるということと、非独占であることをちゃんと規定したんです。何か抜けてます？

部長　これでは全然ダメだね。そもそも当社の技術をライセンスするときには、その内容については細心の注意を払うべきだし、逆に、ライセンスを受けるときも同様に注意が必要だ。これはグラントバック条項の場合でも同じだよ。

ゆい　私だって法務部員の端くれですから、そのくらい重々承知していますよ。

部長　じゃあいわせてもらうが、まず、この規定ではライセンスの地域を特定していないようだね。

ゆい　改良した技術をどこで使えるかということですか？　もともと当社の技術に基づく改良技術ですから、当社が使用したい地域で使用できるというのが当然ではないですか。

部長　そうとは限らないぞ。当社は地域を限定して相手方に技術をライセンスしているから、グラントバックされる技術も、相手方に当社がライセンスしている地域に限定されると解釈されるおそれがある。当社としては全世界で改良技術を使用したいだろうから、その旨を規定しておく必要があるね。

ゆい　なるほど。じゃあ、当社が受けるライセンスは"worldwide"と規定しましょう！　あとは問題ないですよね？

部長　君は私の話を聞いていないようだね。さっき私は「全然ダメ」といったよな。

ゆい　…はい。確かにそういわれました。

部長　君は、改良技術に対して、ライセンスフィーを払うつもりなのかい？

ゆい　そんなの、払わないに決まっているじゃないですか。もともとうちの技術なんですよ⁉

部長　だから、私がいつもいっているだろう。それが、契約書に書いてあるのかって。

ゆい　うう。無償でライセンスする旨を明確に書かないといけませんね。"royalty-free"等の文言を規定しておきます。

部長　ほかは？

ゆい　まだ、あるんですか⁉

部長　山ほどある。当社としては、第三者に改良技術

も含めて他社にライセンスをしたいと考えるかもしれない。そうすると、どんなことを規定すべきだい？

ゆい　改良技術については、第三者に対してサブライセンスをするということになりますから、サブライセンスが可能である旨の規定が必要になるということですね。どうです？　この打てば響く反応！

部長　願わくば打つ前に気づいてほしいものだ。

ゆい　…すみません。

「完璧」な規定にするために盛り込むべき点

部長　さて、次の問題だが…。

ゆい　ライセンスの範囲、ライセンスフィー、サブラインセンス…とくれば、残るは契約期間の問題ですね。

部長　そうだ。当社と相手方の間のライセンス契約が終了した場合には、この改良技術の当社に対するライセンスはどうなる？

ゆい　そうか、ライセンス契約が終了した場合は、相手方の当社に対する改良技術のライセンスも終了すると解釈されてしまう可能性が高いというわけですね。当社としては、契約期間後も改良技術を使用したいですから、その旨を明確にしておいた方がいいですね。

部長　ただ、この点は独占禁止法の観点から改良技術のグラントバックの期間は基本ライセンスの技術と同

様の期間でなければならないとの見解も少なからずある。この点は、契約上は一応永久と規定した上で、これがあまりにも長期間であるとされる場合には、分離・独立性条項（注2）を利用して、少なくとも基本ライセンス技術のライセンスと同じ期間だけのライセンス期間とするという救済を受けることを期待することも考えられる。

いずれにしても法務部員であればこれぐらいしつこく書かなくてはならないね。

> Article X. Grant Back Clause
> If during the term of this Agreement, the Licensee has made an improvement to the Technology, the Licensee shall grant to the Licensor a worldwide non-exclusive, perpetual, irrevocable, royalty-free, assignable and sub-licensable license to use such improvement for any purpose. Such non-exclusive license shall survive any expiration or termination of this Agreement for any reason.
>
> 第X条　グラントバック条項
> 本契約の期間中に、ライセンシーが本技術の改良をした場合には、ライセンシーは、ライセンサーに対して、当該改良をあらゆる目的に使用する、

> 全世界的、非独占的、永久的、取消不能、ロイヤルティーなし、譲渡可能およびサブライセンス可能なライセンスを付与するものとする。当該非独占的ライセンスは、理由を問わず、本契約の期間満了または解除後も存続する。

ゆい　わぁ、ねちっこい。まるで部長の性格そのもの…。

部長　今、何かいったかな？

ゆい　えーと、これだけ書けば完璧ですね！

部長　そうともいえない。まだ甘いな。

ゆい　えー。まだ必要なものがあるんですか？

部長　いくら改良技術のライセンスを受ける権利があるといっても、相手方がどんな改良を行っているか当社が常にチェックするわけにはいかないだろう？　知らないうちに改良が行われていたということにもなりかねないからな。

ゆい　確かにそうですね。そうすると、まずは、ライセンシーが改良を行った場合には、ライセンサーに通知するという内容の条項を規定しておくべきですね。

部長　そういうことだ。この義務がないとライセンサーは改良技術の存在を知ることができない。一方で、この規定があれば、ライセンシーが通知義務を怠るとライセンス契約違反になるので、ライセンシーも改良技術をきちんと開示しようと思うだろう。

ゆい ではどんな規定を付け加えればいいですか？
部長 例えば、こんな感じだろうね。

> If the Licensee has made or developed any improvement relating to the Technology, the Licensee shall inform the Licensor of such development or improvement and disclose technical data and operating information relating to such development or improvement.
>
> ライセンシーが本技術に関する改良を行いまたは開発した場合には、ライセンシーは、当該改良を通知し、当該改良に関する技術データおよび運用情報を開示しなければならない。

今回のポイント

1 ライセンシーが開発した改良技術のライセンサーへのグラントバック条項については独占禁止法上の問題がありますが、一般にライセンサーに非独占的ライセンスを付与する条項は問題が少ないと考えられています。
2 改良技術のライセンスに関しては、①ライセンスの地域、②ライセンスフィー、③サブラ

イセンスの可否、④ライセンス期間等について、明確な規定を定めることが必要です。

3 改良技術については、ライセンサーが、改良技術の存在を認識するためにも、ライセンシーに対し、通知義務を課すことが望まれます。

(注1)「知的財産の利用に関する独占禁止法上の指針」(公正取引委員会、平成22年1月1日改正)
(注2)第4章「なぜ分離・独立性条項が必要なのか」132頁参照。

コラム 英文契約書の時制

英文契約書においては、どんな文章を現在形、過去形、未来形、はたまた現在完了形で書くべきでしょうか？ 契約書も過去のことは過去形で、また、未来のことは未来形で書くのは当然だといわれるかもしれませんが、契約書における「現在」とは一体どの時点の指すのでしょうか？ 多くの契約書は、"This Agreement is entered into between A and B as of …" で始まり、"IN WITNESS WHEREOF, the parties hereto have caused this Agreement to be executed by their respective duly authorized signatories." の次に署名欄があるのですが、なぜ、英文契約書が現在形で始まり、現在完了形で終わって署名欄に続くのかは、学生時代にあまり英語を勉

強しなかった私には謎でした。あまりに初歩的なことのように思われるので、聞くのもはばかられておりました。ところが実は、ネイティブスピーカーでも同じ疑問があったらしく、『A Manual of Style for Contract Drafting (Second Edition)』では、署名欄の前は "The parties are signing this agreement ... " というように現在進行形で書くべきだと主張しています。しかし、このような主張にもかかわらず、実務上いまだかつて "The parties are signing this agreement ... " と書いて署名欄に続く契約書にお目にかかったことがありません。

英文の契約書では、契約書の作成の時点が「現在」ということです。では、なぜ、署名欄の前が現在完了形なのかというと、これと矛盾するようですが、契約書の署名欄の前の文言は、合意を確認するためにこれから署名を行うというより、今まさに署名を完了し、成立済みであるというニュアンスを示すために現在完了形が使用されている感じがします。もっとも、署名欄の文言には現在形で "In Witness Whereof, this Agreement is executed ... " と書かれているものもあります。いまだ浅学の身なので、あくまでもこれは推測です。

英文契約書において、契約成立時点が「現在」であることを前提に、現在形で書くことがお約束に

なっている条項があります。一つは、宣言文言（Language of declaration）という条項です。「本契約の時点で、何々であることを宣言する」という意味であり、具体的には"representation and warranties"のように、契約の一方当事者が、契約の時点である一定の事実を表明するという条項や、acknowledgementという契約の一方当事者がある事実の存在を確認するという条項です。前者の例は、昨今日本でもM&Aなどの契約でよく見られます。例えば、売主が、売却対象の株式が有効に発行されていることを表明する、"The Seller represents and warrants that the Shares have been validly issued by the Company"というような条項です。後者の例は"The investor acknowledges that it has received a copy of the Articles of Incorporation."というような条項です。いずれも、事実表明や事実の確認の時点は、契約の締結の時点であることを意味します。

現在形で書かれる条項の別の例は、履行文言（Language of performance）という条項で、一方当事者が、契約書の締結時点で、契約の内容をまさに履行したことを示す条項です。典型例は、ライセンス契約に見られる、"The Licensor hereby grants the License to the Licensee."という条項で、実施権の付与は契約の締結の時点で直ちになされるというこ

とを示すために現在形を使用します。ここに書かれているherebyは"by this Agreement"の意味です。このような文章で、"The Licensor shall grant ..."と書くと、ライセンサーはライセンシーに将来実施権を付与する義務があっても、実施権を付与したことにはならないので、ライセンシーとしては、実施権を有するためには、義務の履行として実施権の付与をあらためて求めるという手順が必要になります。第5章「ライセンス許諾と権利の範囲」（180頁）では、"Licensor hereby grants Licensee an exclusive license ..."と規定されており、第5章「グラントバック条項とは？」（198頁）では、"the Licensee shall grant to the Licensor ..."と規定されているのは、前者の本体技術のライセンスは、契約締結時点で許諾され、直ちに効力を生じるのに対し、改良技術のグラントバックのライセンスは、契約締結後の将来になってなされるものであり、契約締結時点では、ライセンシーとしては将来ライセンスを付与する義務を負うに過ぎないことがこのような表現の違いに現れてきているのです。

第5章　英文ライセンス契約書の重要条項

知的財産権非侵害表明保証条項の留意点

　ライセンス契約などにおいて、対象とされる技術が第三者の知的財産権を侵害していないことを表明保証する条項を、知的財産権非侵害表明保証条項といいます。今回は、知的財産権非侵害表明保証条項を通じて表明保証条項一般の意義や、相手方から表明保証条項を求められた場合の対応方法を考えてみましょう。

ゆい　部長、営業から相談がきています。例のオーストラリアのオーガニックコスメ会社が、当社がライセンスする技術が第三者の技術を侵害しないことを当社が保証しない限り契約を締結できないっていってきたそうですよ。

Article X. Intellectual Property Infringement
Licensor hereby represents and warrants to Licensee that, as of the Effective Date, the Technology does not infringe or misappropriate any patent, trade secret or any other intellectual property of any third party. Licensor shall defend Licensee and its employees, directors, agents and representatives ("Licensee Indemnified Parties") from any actual or threatened third party claim that the Technology

215

infringes or misappropriates any patent, trade secret or any other intellectual property of any third party during the term of this Agreement. Licensor will indemnify each of the Licensee Indemnified Parties against (i) all damages, costs and attorneys' fee finally awarded against any of them in any proceeding to defend such claims, (ii) all out-of-pocket costs (including reasonable attorneys' fees) reasonably incurred by any of them in connection with the defense of such proceeding; and (iii) if any such proceeding is settled, all amounts paid to any third party agreed to by Licensee in settlement of any such claims.

第X条　知的財産権侵害
ライセンサーは、ライセンシーに対し、効力発生日時点において、本技術が第三者のいかなる特許、営業秘密その他の知的財産権も侵害しないことを表明し、保証する。ライセンサーは、本契約期間中、本技術が第三者の特許、営業秘密またはその他の知的財産権を侵害する旨の第三者の実際のクレームまたはそのおそれからライセンシーおよびその従業員、取締役、代理人および代表者（「ライセンシーの被補償者」という）を防御す

> る。ライセンサーは、ライセンシーの被補償者の各自について、(i) 当該クレームを防御する手続きにおいて、これらの者に対して最終的に認められた損害賠償金、費用および弁護士費用 (ii) 当該手続の防御に伴い、これらの者が合理的に負担した実費（合理的な弁護士費用を含む）および、(iii) 当該手続が和解となった場合、当該クレームの和解のためにライセンシーが合意した第三者に対する支払金を補償するものとする。

部長 これは先方から提示された条項かい？ うーん、これは飲めないな。当社の技術が第三者の特許や営業秘密を侵害しないことなんて保証できないよ。営業にそう伝えてくれたまえ。

ゆい 私もいいましたよ。でも相手方は「ライセンス料を支払う以上第三者の権利を侵害して使えない技術じゃ意味がない！」の一点張りだそうで、そういわれると私もそうかなって…。

部長 君が納得してどうするっ！

ゆい 法律上は、当社が技術をライセンスする以上は、第三者の知的所有権を侵害しないことを黙示的に保証したことになると思うんですよね。

部長 そりゃまた一体どういう根拠だね。

ゆい 以前、米国のManhattan Cosmetics, Inc.との間

の売買契約の際出てきた米国統一商法典（注1）にはこんな規定がありましたよね。

> §2-312. Warranty of Title and Against Infringement; Buyer's Obligation Against Infringement.
> (3) Unless otherwise agreed a seller who is a merchant regularly dealing in goods of the kind warrants that the goods shall be delivered free of the rightful claim of any third person by way of infringement or the like ...
>
> §2-312. 権原および非侵害の保証；侵害に対する買主の責任
> (3) 別段の合意がない限り、同種の商品を通常取引する商人である売主は、権利侵害その他の第三者の合法的なクレームの負担なく商品が引き渡されるべきことを保証する。

「同種の商品を通常取引する商人である売主は、商品が第三者の権利を侵害しないことを保証する」という内容が書かれています。だから当社が茶の実オイルを販売する以上、当社は茶の実オイルが第三者の権利を侵害しないことを黙示的に保証しているといえますよね。技術自体をライセンスする際にも同じことがい

えるんじゃないでしょうか。

部長 君には珍しく「法律的」な議論だ。この米国統一商法典の規定なんてよく覚えていたね。でも残念ながら、君の議論は間違っている。仮に、今回のライセンス契約に米国法が適用されるとしてもこの規定によってライセンス契約のライセンサーが技術について権利非侵害の黙示の保証をすることにはならない。

ゆい どうしてですか⁉

部長 この規定は商品の売買の場合にだけ適用され、売買契約の性質を有しない契約には適用されないと裁判所では解釈されているからだ。そもそも、技術のライセンスにおいて、ライセンサーによる第三者の知的所有権の権利非侵害の保証があるかどうかは、契約の解釈問題だ。これが不明確な場合は、権利非侵害の保証は存在しないのが原則と解釈するのが正しい（注2）。

ゆい そんな身も蓋もない…。

ライセンス契約の本質と表明保証

部長 相手方の主張に対する反論ならライセンス契約の本質から説明すれば可能だろう。そもそも知的所有権のライセンスとは、「ライセンサーが有する知的所有権を使うなといえる権利をライセンシーに行使しない」という、ライセンサーとライセンシー間の約束に

すぎない。ライセンサーの権利が第三者の権利の範囲に含まれるかどうかは、このようなライセンス契約の本質とは関係ないことだ。さらに、特許権については、第三者の特許権を侵害しているかどうかは、特許のクレームの文言や権利取得過程などその内容を詳細に検討して初めていえるのであって、専門家であっても簡単に判断できないよ。

当社は何もライセンシーにぜひオーストラリアで技術を使ってくれと売り込んでいるわけではない。この点が物の売買とは違う点だ。さらに特許権は公開されているので、当社の技術が第三者の権利を侵害しているかどうかは、ライセンシーの方で一応調査が可能なはずだ。こちらから保証をする必要はないよ。

ゆい なるほど。でも、もし、あくまでもライセンサーからの保証が欲しいといわれた場合にはどうしたらいいんですか？

部長 それならば「ライセンサーの知る限り」第三者の知的所有権を侵害しないという限定をした上で、非侵害について保証するのも一つの手だね。英語にすると、こんな感じかな。

> Licensor hereby represents and warrants to Licensee that, to the best of Licensor's knowledge as of the Effective Date, the Technology does not infringe

> or misappropriate any patent, trade secret or any other intellectual property of any third party.
>
> ライセンサーは、ライセンシーに対し、ライセンサーの知る限り、効力発生日時点において、本技術が第三者のいかなる特許、営業秘密その他の知的財産権も侵害しないことを表明し、保証する。

部長 そのほか知的所有権もいろいろあって特許でなく営業秘密は別に考える余地もあるがね。

ゆい 営業秘密は別に考える余地があるって、一体どういう意味ですか？

部長 その質問に答える前に、まず、確認。表明保証という言葉は知っているね？

ゆい <u>一定の時点における契約当事者に関する事実、契約の目的物の内容等に関する事実について、当該事実が真実かつ正確である旨契約当事者が表明し、相手方に対して保証する条項</u>ですよね。近頃、日本の契約書でもよく目にする気がします。

部長 そうだ。特に企業買収の契約などでは買収対象会社に関して色々な表明保証を求められることが多く、その内容が契約交渉の大半を占めるといっても過言ではない。本件の知的財産権非侵害保証条項は、この表明保証の一種だ。この表明保証を求められた場

合、保証する側は責任の範囲を限定するために、「ライセンサーの知る限り」というような限定を試みることが多い。

そこで質問だが、もし「当社の知る限り」という限定文言を入れたとしたら、当社がライセンスした技術が実際には第三者の知的所有権を侵害していることを当社が過失があって知らなかった場合に、当社は表明保証違反の責任を問われるかい？

ゆい 文言どおりに読めば実際に知らなければ過失があっても責任を問われないと思います。

部長 米国の裁判所の見解と同じだね。単に"To the best of one's knowledge"といった場合には、その表明者が実際に事実と異なることを認識していない限り表明保証違反の責任に問われないと判断されている（注3）。つまり、このような場合には、表明者には表明された事実が真実かどうかを調査する義務まではないということだ。

ゆい じゃあ、そんな限定を主張したら、「表明保証の範囲がライセンサーが実際に認識している範囲に限定されるのは狭すぎる」と相手方からいわれるんじゃないですか？

部長 そうだね。そこで相手方は「ライセンサーが合理的な調査をした結果、ライセンサーの知る限り（To the best of Licensor's knowledge after reasonable inquiry）第三者の知的所有権を侵害しない」ことを保証してくれるのだったら受け入れるという案を提示してくるかもしれない。

ゆい 当社としては無限定な保証はできないし、かといって、「当社の知る限り」の保証じゃ保証の範囲が狭すぎて相手方は納得しないでしょうから、中を取ってそのあたりが落としどころですね！

表明保証の限定についての考慮要因

部長 甘い！ 契約交渉は単に「中を取って」という単純な問題ばかりじゃないよ。もっと本質的なことを考える必要がある。

　ここで考慮すべき点は、無条件で表明保証をした場合は、当社は、表明保証をした事項について無過失責任を負うということだ。これに対し、「ライセンサーの知る限り」という限定文言を入れた場合、当社は、表明保証違反について「故意」があった場合にだけ責任を負うし、「ライセンサーが合理的な調査をした結果、ライセンサーの知る限り」という限定をした場合には、絶対的な責任はないにしても、当社に「過失」があった場合には責任を問われることになる。

ゆい つまり、表明保証する事項について、①当社が無過失責任を負ってもよいと考えるのか、②過失がある場合にだけ責任を負ってもよいと考えるか、それと

も③故意がある場合にだけ責任を負うのがよいと考えるのか、価値判断を求められているんですね。…せっかくいい妥協案だと思ったのに。

部長 そこで、特許と営業秘密を別に考える余地があるという話が出てくるんだ。僕は、当社の技術をオーストラリアの会社にライセンスするにあたっては、第三者の特許権の侵害の場合と、第三者の営業秘密の侵害の場合を区別してもいいと考えている。

ゆい どうしてですか？

部長 当社の技術が第三者の営業秘密を侵害しているかどうかは、基本的に当該技術が他人の営業秘密の開示を受けたものか、自社で独自に開発したものかの判断だ。その判断に必要な情報は社内にある。一方、当社の技術が第三者の特許を侵害しているかどうかは、特許権の存在という社外にある情報の調査をした上でなければ判断できない。

しかも相手方の立場では、当社の技術に抵触する特許が存在するかどうかは、外部的な情報から一応調査可能だが、当社の技術が第三者の営業秘密を侵害しているかどうかはほとんど調査不可能だ。

ゆい 相手方としても当社が第三者の営業秘密を侵害しているかどうかは、当社の社内事項の問題ですから、当社が第三者の営業秘密を侵害していないことの保証を求める合理的な理由がありますね。

部長 第三者の営業秘密侵害の有無については、当社の社内事情によるところが大きく、当社内で調査ができることだから、当社が過失責任や無過失責任を負うことはライセンス契約の相手方との関係で公平だと考えられる。したがって営業秘密の侵害については、「<u>当社が合理的な調査をした結果、当社の知る限り第三者の営業秘密を侵害しない</u>」という文言を入れてもいいように思う。これが当社としての妥協点だよ。例えば次のようになる。

Licensor hereby represents and warrants to Licensee that, to the best of Licensor's knowledge after reasonable inquiry as of the Effective Date, the Technology does not infringe or misappropriate any trade secret of any third party. Licensor hereby represents and warrants to Licensee that, to the best of Licensor's knowledge as of the Effective Date, the Technology does not infringe or misappropriate any intellectual property other than trade secret, such as patent, of any third party.

ライセンサーは、ライセンシーに対し、ライセンサーが合理的な調査をした結果、ライセンサーの知る限り、効力発生日時点において、本技術が第三者

> のいかなる営業秘密も侵害しないことを表明し、保証する。ライセンサーは、ライセンシーに対し、ライセンサーの知る限り、効力発生日時点において、本技術が特許等の営業秘密以外の第三者のいかなる知的財産権も侵害しないことを表明し、保証する。

ゆい わかりました。これに基づいて相手方と交渉するよう営業に伝えます。

無条件の表明保証を求められた場合の対応

（数日後…）

ゆい 部長、大変です！

ライセンス先が「当社の技術が第三者の特許権も侵害しないことを無条件で表明保証する条項を入れない限り契約はできない」といってきたそうです！

部長 それは困るな。もしこのような表明保証をして、実際に当社がライセンスした技術が第三者の特許権を侵害していた場合はどうなる？

ゆい 表明保証条項について最近いくつかの判例が出ていますが、その効果は日本ではまだ明確ではないようです。考えられるのは、まず、ライセンス先からの契約の解除ですね。解除されれば、契約当初に支払われたイニシャルのライセンス料は返すことになり、毎年の最低ライセンス料も貰えませんよね。さらに損害

賠償も問題になると思います。ライセンス先が、侵害した特許の権利者から損害賠償を請求された場合には、当社がその賠償をすることが必要になると思います。また、当社がライセンスする技術を前提にライセンス先が新たな製造機械や人を導入し、これらの投資が無駄になったとしたら、その分の損害賠償も請求されるのではないでしょうか。加えてライセンス先からライセンス生産する商品の販売による逸失利益も請求されるとなると…当社はもう完全にお手あげです。どうしましょう。

部長 さて、どうしようかね。まずは基本的なところから確認していこうか。「表明保証条項」とまとめて表現されているが、英米法上は、そもそも「表明（representation）」と「保証（warranty）」とは違う概念だ。保証は、"a promise to indemnify the promisee for any loss if the fact warranted proves untrue（保証した事実が存在しない場合には、保証した相手方の損失補償をする約束）" と解されている（注4）。端的にいえば保証の違反の効果は損害賠償だ。また、表明が不実の場合、すなわち、misrepresentationがあった場合には、契約の取消原因になる。この点について、Restatement of the Law (Second) Contacts §159は、次のように規定している。"If a party's manifestation of assent is induced by a fraudulent or a material misrepresentation by the other party upon which the recipient is justified in relying, the contract is voidable by the recipient（ある当事者の合意が相手方の詐欺的または重大な事実の不実表明に誘因され、当該不実表明を受領者が信頼することを正当化される場合、契約は受領者によって取り消すことができる。）"

ゆい つまり、当社が知的所有権の非侵害を「保証」した場合にはその違反について、相手方は損害賠償請求の主張ができ、また、「表明」した場合には、契約の取消しを主張できる可能性があるというわけですね。そうすると、「表明保証」された場合には、両方の主張を受ける可能性がありますね。日本法的にいうと、「損害賠償と、錯誤による契約の無効主張の両方が主張できる」という感じでしょうか。

では、保証違反の場合の損害賠償の範囲はどうなりますか？

部長 契約違反の損害一般と同様に、相手方が契約が成立していることを信頼したことによる損失のみならず、契約が有効とされた場合に得られたはずの利益も含むことになる。

ゆい じゃあ、法務部の意見として「当社の技術に抵触する特許がないことの確信が持てない場合には、ライセンスを断念する以外ない」ということですか？

部長 そう結論づけるのは気が早いよ。そもそも何の

ために契約書を作成するんだい？　もし、無条件の表明保証の文言を入れたとしても、その表明保証違反が実際に生じた場合の当社の責任を限定することは可能だ。表明保証違反の救済として契約解除だけを認めて損害賠償を認めないと規定することもできるし、その逆も可能だ。また、損害賠償を認めても、その範囲を制限したり、金額の上限を定めることだってできる。契約によって当社のリスクを軽減する方法はいくらでもある。当社が第三者の特許権を侵害していないことを無条件で保証しなければならないとすれば、今度は、これを前提として、このような表明保証に違反した場合の当社の責任を最小限にするような努力をしなければならない。

　ところで当社が一番懸念していることは何だと思う？

ゆい　契約を取り消されることは仕方がないとしても、ライセンス先から損害賠償請求を受けることだけは避けたいでしょうね。でもライセンス先は、当社の技術が第三者の特許を侵害した場合に損害賠償まで請求する気だと思うんです。

部長　憶測で交渉を進めては駄目だよ。もし、当社が技術をライセンスするにあたり何らの表明保証もしない場合には、ライセンス先は、仮に第三者の特許権を侵害して使えなくなった技術でも当社にライセンス料

を支払い続けなければならない。これは先方にとって最悪だ。もしかしたら、ライセンス先は、第三者の特許侵害が判明した以降は、ライセンス料を払いたくないだけかもしれない。また、最悪当社が過去に支払ったライセンス料を返せば、ライセンス先も損害賠償請求までは考えないかもしれない。営業はこういった交渉を相手方としたのかな。していなければ契約交渉はこれからだ。

ゆい では、相手方には、当社の技術による第三者の知的所有権の侵害が判明した時点で契約を解除して、ライセンス料の支払いを止めることができるようにする条項で交渉するよう、営業に伝えます。それでも納得しない場合には、既に支払ったライセンス料の返還も含めて検討するように指示しますね。

部長 それともう一つ忠告。ライセンス先にとって契約条項に書いてある救済が唯一の救済であり、それ以外の救済方法が主張できないことを明示することが重要だよ（注5）。このような感じかな。

Licensor hereby represents and warrants to Licensee that as of the Effective Date, the Technology does not infringe or misappropriate any intellectual property, such as patent or trade secret, of any third party. If the Technology is found to infringe any intellectual property right of a third party or Licensor believes that the Technology is likely to infringe any intellectual property right of a third party, either party may terminate this Agreement, in which case Licensor shall refund to Licensee all license fees paid to Licensor under this Agreement. The remedies set forth above shall be Licensee's sole and exclusive remedies with respect to a breach of such representation and warranty.

ライセンサーは、ライセンシーに対し、効力発生日時点において、本技術が第三者特許、営業秘密等の知的財産権を侵害しないことを表明し、保証する。もし、本技術が第三者の知的所有権を侵害すると判断された場合、または、本技術が第三者の知的所有権を侵害する可能性があるとライセンサーが判断する場合には、いずれの当事者も本契約を解除することができる。その場合には、ライセンサーは本契約に基づきライセンサーに支払われたすべてのライセンス料をライセンシーに返還するものとする。上記の救済は、当該表明および保証の違反についての唯一排他的な救済とする。

部長　そうやって少しずつ譲歩して当社にできるだけ有

利なところで妥結できるよう努力することが大切だよ。

今回のポイント

1 契約書で表明保証した事項については無過失責任を問われます。各表明保証を求められている事項について、個別的にその性質上当方が表明保証が可能な事項かどうかよく検討しましょう。
2 内容によっては無限定で表明保証ができない事項があります。その場合には、"To the best of one's knowledge（自己の認識する限り）"とか、"To the best of one's knowledge after reasonable inquiry（合理的な調査をした結果、自己の知る限り）"という限定をするようにしましょう。これによって故意、または故意もしくは過失がある場合に限って表明保証違反の責任を問われるようにすることができます。
3 相手方との交渉上どうしても無限定の表明保証をしなければならない場合には、表明保証違反の責任を限定する条項を入れるよう努力をしましょう。このとき、法律上の責任を排除するために、当該限定された責任が唯一の救済であることを規定する文言が必要です。

(注1) 第2章「品質保証条項で変わる主張内容」55頁参照。

(注2) Novamedix, Ltd. v. NDM Acquisition Corp., 166 F.3d 1177 (Fed. Cir. 1999)
(注3) Conner v. Hardee's Food Sys., 65 Fed App'x 19 (6th Cir 2003)
(注4) CBS Inc. v. Ziff-Davis Publishing Co., 75 N.Y.2d 496,503 (N.Y. 1990)
(注5) 前掲（注1）参照。

コラム 契約条項における仮定法

この本の初めに英文契約には仮定法はほとんど出てこないと書きましたが、英文契約でも仮定法が必要となる場合があります。

例えば、受託者が何らかの事情で依頼を受けた業務を履行できないため、委託者が、受託者に代えて、第三者の業者に当該業務を依頼せざるを得なくなった場合に、委託者は、第三者の業者に支払った費用のうち、受託者が当該業務を履行していたとすれば、受託者に支払ったであろう業務委託料を超える差額部分の支払いを求めることができるという条項を業務委託契約書に入れたい場合には、どのように記載すればよいでしょうか？

この規定が適用される場面は、委託者が必要としていた業務を受託者ではなく、別の業者に依頼したという事実が、既に発生している場合です。当該業務を受託者が行ったと想定することは過去の事実に反する仮定となります。したがって、「If + 主語 +

had + 過去分詞…，主語 + would + have + 過去分詞」という仮定法過去完了を使用すべきことになります。

具体的な英文の条項は以下のような条項となります。

> The Contractor shall bear any and all excess costs incurred by the Client in contracting with a third party, over those which would normally have been payable to the Contractor if it had performed the Services.
>
> 受託者は、受託者が本業務を履行していれば通常支払われたであろう金額を超える、委託者が第三者に業務委託することにより生じるあらゆる余分の費用を負担する。

私の経験では、英文契約書で仮定法が出てくるのは、このような「損害賠償額の予定」のような条項が多いです。学生時代には英文法の仮定法など実際何の役に立つのかと思っていましたが、英文契約でも仮定法はやっぱり必要です。

索引

あ

EXW	40
逸失利益	65
一般条項	24
インコタームズ	35
ウィーン売買条約	96
営業秘密	157、216
ADR	107
FAS	40
FOB	35
FCA	40

か

外国仲裁判断の承認及び執行に関する条約	108
改正米国貿易定義	37
改良技術	198
瑕疵担保責任	56
管轄	102
管轄裁判所	93
間接損害	64
完全合意条項	119
期間条項	45
期限	45
危険負担	37
帰責事由	72
義務	26
禁止	28
禁反言の原則	151
グラントバック条項	198
言語条項	138
権利非放棄条項	149

口頭証拠排除原則	120
国際商業会議所	35
国際物品売買契約に関する国際連合条約	96
コモン・ロー	120

さ

最恵待遇条項	121
債務不履行	124
サブライセンス	184
CIF	35
CFR	40
CPT	40
実質条項	24
守秘義務	155
準拠法条項	90
条件	82
条件節	30
承諾の通知	169
商品性	55
書式の戦い	12
前文	24
専用実施権	182
相互の保証	105
租税条約	95

た

知的財産権非侵害表明保証条項	215
仲裁機関	110
仲裁規則	113
仲裁合意	108

仲裁条項	111
仲裁地	110
仲裁手続	107
仲裁判断	108
仲裁費用	115
通知条項	169
通知方法	175
DAT	40
DAP	40
DDP	40
抵触法の原則	94
独占禁止法	200
独占的通常実施権	182

な

日本商事仲裁協会	111
ニューヨーク条約	108

は

売買価格	35
非独占的ライセンス	205
秘密情報	156
秘密資料	156
秘密保持条項	155
費用負担	36
表明保証条項	215
品質保証条項	55
不可抗力事由	125
不可抗力条項	124
付随的損害	64

不正競争防止法 ……………………………………… 156
紛争解決条項 ………………………………………… 102
分離・独立性条項 …………………………………… 132
米国統一商法典 ……………………………………… 57
貿易条件 ……………………………………………… 34
法の適用に関する通則法 …………………………… 91
保証違反 ……………………………………………… 59
補償条項 ……………………………………………… 72

ま

みなし送達 …………………………………………… 176
明示の保証 …………………………………………… 57
免責事由 ……………………………………………… 130
免責条項 ……………………………………………… 62
黙示の保証 …………………………………………… 57
目的物の瑕疵 ………………………………………… 56

ら

ライセンス許諾条項 ………………………………… 180
ライセンス契約 ……………………………………… 180
レター・オブ・インテント ………………………… 17
ロイヤルティー条項 ………………………………… 191

著者プロフィール

安保智勇（あぼ・ちゆう）

第一東京弁護士会所属。弁護士法人中央総合法律事務所東京事務所所長。Globalaw Board Member。ミシガン州、ニューヨーク州弁護士。中央大学法学部、コーネル・ロースクール卒業（Phi Kappa Phi メンバー）。Dickinson Wright LLP（米国ミシガン州）にて2年間勤務。M&A、ジョイントベンチャー、訴訟案件をはじめ多数の国際的案件の経験を有する。
メールアドレス：abo_c@clo.gr.jp

弁護士法人中央総合法律事務所

世界約165都市にまたがる法律事務所の世界的なネットワークGlobalaw（http://www.globalaw.net/）の日本メンバーとして、国内はもとより、さまざまな国際的法律問題にも取り組んでいます。
ホームページ：http://www.clo.jp/

カバーイラスト／ERIMO
カバーデザイン／コミュニケーションアーツ（株）
本文デザイン／タクトシステム（株）

初心者でもわかる！LawL ゆいの英文契約書入門

平成26年6月20日　初版発行
平成27年4月20日　第2刷

編　著　　安　保　智　勇

発行者　　田　中　英　弥

発行所　　第一法規株式会社
　　　　　〒107-8560　東京都港区南青山2-11-17
　　　　　ホームページ　http://www.daiichihoki.co.jp/

LawL　ISBN978-4-474-02998-9　C2234（3）